동양북스 외국어
베스트 도서
700만 독자의 선택!

새로운 도서,
다양한 자료
동양북스
홈페이지에서
만나보세요!

www.dongyangbooks.com
m.dongyangbooks.com

※ 학습자료 및 MP3 제공 여부는 도서마다 상이하므로 확인 후 이용 바랍니다.

홈페이지 도서 자료실에서 학습자료 및 MP3 무료 다운로드

PC

❶ 홈페이지 접속 후 도서 자료실 클릭
❷ 하단 검색 창에 검색어 입력
❸ MP3, 정답과 해설, 부가자료 등 첨부파일 다운로드

* 원하는 자료가 없는 경우 '요청하기' 클릭!

MOBILE

* 반드시 '인터넷, Safari, Chrome' App을 이용하여 홈페이지에 접속해주세요. (네이버, 다음 App 이용 시 첨부파일의 확장자명이 변경되어 저장되는 오류가 발생할 수 있습니다.)

❶ 홈페이지 접속 후 ☰ 터치

❷ 도서 자료실 터치

❸ 하단 검색창에 검색어 입력
❹ MP3, 정답과 해설, 부가자료 등 첨부파일 다운로드

* 압축 해제 방법은 '다운로드 Tip' 참고

일본어뱅크

NEW

일본어 기초와 말하기를 한 번에

다이스키 일본어

STEP 3

문선화·나카야마 다쓰나리·정희순·박영숙 지음

동양북스

일본어뱅크

NEW 일본어 기초와 말하기를 한 번에

다이스키
일본어 STEP 3

초판 4쇄 | 2024년 7월 1일

지은이 | 문선희, 나카야마 다쓰나리, 정희순, 박영숙
발행인 | 김태웅
책임 편집 | 길혜진, 이서인
디자인 | 남은혜, 김지혜
마케팅 총괄 | 김철영
온라인 마케팅 | 김은진
제　작 | 현대순

발행처 | (주)동양북스
등　록 | 제 2014-000055호
주　소 | 서울시 마포구 동교로 22길 14 (04030)
구입 문의 | 전화 (02)337-1737　팩스 (02)334-6624
내용 문의 | 전화 (02)337-1762　dybooks2@gmail.com

ISBN 979-11-5768-489-2 14730
　　　　979-11-5768-486-1 (세트)

ⓒ 2018,　문선희, 나카야마 다쓰나리, 정희순, 박영숙

『NEW 다이스키 일본어』를 펴내면서 열정적으로 수업에 임했던 제 모습과 사랑하는 가족, 그리고 열정과 에너지의 원천이 되어 주는 학생들의 얼굴이 머릿속에 스쳐갑니다. 일본어를 가르치면서 느끼는 것은 일본어는 정말 매력 있는 언어라는 사실입니다. 외국어를 공부하는 것에 흥미를 갖고, 효과적인 방법을 통해 배운 내용을 꾸준히 연습한다면 실전에서 바로바로 꺼내 쓸 수 있는 유용한 언어가 될 것입니다.

이 교재는 실제 제가 일본어를 가르치는 현장에서 쌓은 경험을 바탕으로 학생들이 쉽게 이해하는 부분과 어려워하는 부분들을 자세히 분석하고 연구한 내용을 담고 있습니다. 그리고 기존의 '다이스키 시리즈'가 대학과, 학원 등에서 많은 사랑을 받았기에 『NEW 다이스키 일본어』를 통해 배운 내용을 바로 회화에서 활용할 수 있도록 본 교재와 워크북을 통해 말하기 부분을 추가하였습니다.

첫째, '독해·작문' 파트 중 '읽어 봅시다!' 부분은 원칙적으로 띄어쓰기가 없는 일본어 문장을 보고 자연스럽게 읽고 해석할 수 있는 능력을 향상시킬 수 있도록 하였습니다. '써 봅시다!' 부분에서는 수업 중 따라 하고 읽기는 하지만 직접 쓰는 것까지 체크하기에는 시간이 부족했던 점을 고려하여 각 과의 포인트 문장을 쓰고 말할 수 있도록 구성하였습니다.

둘째, '한자 연습' 파트 중 '한자 즐기기' 부분에서는 학생들이 가장 어려워하는 한자를 재미있게 활용하여 한자에 대한 부담을 줄이고, 기본이 되는 한자에 다른 한자를 붙여 학생들의 한자 지식을 넓힐 수 있도록 하였습니다.

셋째, '회화 플러스' 파트에서는 본문 이외의 응용할 수 있는 회화 표현들을 중심으로 다뤘으며, 주요 회화 내용과 최신 어휘를 추가하여 일본어를 자연스럽게 받아들일 수 있도록 하였습니다.

아무쪼록 이 책을 학습하는 여러분께 좋은 효과와 발전이 있기를 바라고 교재를 위해 많은 도움을 주신 동양북스 관계자분들을 비롯한 많은 분들께 감사 드립니다. 또한 꾸준히 다이스키 일본어 시리즈를 애용해 주시는 많은 분들께 감사의 말을 전하며 마지막으로 일본어를 통해 만나 열정을 갖게 해 준 우리 학생들에게 감사의 마음을 담아 이 교재를 바치고 싶습니다.

저자 일동

차례

이 책의 구성과 학습법

포인트 스피치

각 과의 주제와 관련된 내용을 스피치 형식으로
표현했습니다. 학습을 시작하기 전에 각 과의 학
습 목표와 포인트 문법을 미리 살펴보고, 학습을
마친 후에는 일본어로 문장을 바꾸어 말해 보며
학습 성취도를 확인할 수 있습니다.

기본 회화

실생활에서 유용하게 쓰이는 문법과 주요 표현들
을 단어 설명과 함께 실었습니다. 내용을 듣고 억
양과 발음에 주의해서 반복 학습하면 좋은 효과
를 얻을 수 있습니다.

문법 포인트

각 과에서 다루는 포인트 문법으로, 문법에 관한
예문들을 다양하게 실었습니다. 우리말 해설이
없으므로 아래의 [낱말과 표현]을 참고하면서 공
부하세요.

패턴 연습

'문법 포인트'에서 다룬 내용을 응용해 보는 페이
지입니다. 다양한 단어와 화제를 바탕으로 문형
을 연습하도록 합시다.

독해·작문

원래 일본어는 띄어쓰기가 없습니다. 다른 페이지는 학습편의상 띄어쓰기가 되어 있지만, '읽어 봅시다'에서는 띄어쓰기 없는 문장을 연습하여 실력을 높일 수 있도록 하였습니다. 작문은 각 과를 배우고 난 후 주요 문법을 최종적으로 점검하는 페이지입니다. 우리말을 보고 일본어 문장으로 바꿔 보세요.

한자 연습

한자를 단어 그대로 외우기보다는 한자 하나를 가지고 몇 개의 단어를 만들 수 있다는 것을 보여 주어 응용력을 높여 줍니다. 또, 중요 한자를 직접 써 볼 수 있게 하였습니다.

듣기 연습

너무 복잡하지 않으면서, '본문'과 '문법 포인트'에서 다룬 내용을 중심으로 구성된 듣기 연습 문제입니다.

회화 플러스

본문에서 다룬 회화 표현 이외의 응용 회화로 기초 단계에서 회화의 자신감을 키워 줍니다

쉬어가기

일본어를 공부하면서 알아 두면 좋을 일본의 정보들을 실었습니다. 한 과의 학습이 끝나고 가볍게 읽어 보면서 일본어와 더불어 일본이라는 나라에 대해서도 더 깊이 알 수 있습니다.

01

お酒が 飲めますか。
술을 마실 수 있습니까?

포인트 스피치　🎵 Track 01

❝ 저는 어릴 때 2년 정도 수영을 배웠기 때문에 수영할 수 있지만,
여동생은 수영을 못 합니다.
하지만, 여동생은 스키와 골프를 매우 잘합니다.

私は 子供の 時、2年ぐらい 水泳を 習っていたので 泳げますが、

妹は 泳げません。

でも、妹は スキーと ゴルフが とても 上手です。 ❞

Track 02

木村(きむら) お酒が 飲めますか。

キム いいえ、あまり 飲めません。

木村 どんな お酒なら 飲めますか。

キム 甘(あま)い お酒なら 飲めます。

木村 じゃ、今度(こんど) 飲みに 行(い)きましょう。

キム いいですね。いつに しましょうか。

木村 来週(らいしゅう)の 金曜日(きんようび)は どうでしょうか。

キム 金曜日は 友達(ともだち)の 卒業式(そつぎょうしき)なので 行(い)けません。
でも、土曜日(どようび)なら 大丈夫(だいじょうぶ)です。

木村 そうですか。じゃ、土曜日に しましょう。

お酒さけ 술 | 飲のむ 마시다 (→ 가능형 飲(の)める) | どんな 어떤 | ～なら ～라면 |
甘あまい 달다, 독하지 않다 | 今度こんど 이번, 다음번 | いつ 언제 | ～に する ～로 하다 |
～ましょう ～합시다 | 来週らいしゅう 다음 주 | 金曜日きんようび 금요일 | 卒業式そつぎょうしき 졸업식 |
土曜日どようび 토요일 | 大丈夫だいじょうぶだ 괜찮다

문법 포인트

① 동사의 가능형

1그룹 동사 (5단동사)	u단 → e단 + る	예 飲む → 飲める 話す → 話せる 行く → 行ける ★ 帰る → 帰れる
2그룹 동사 (상1단동사 하1단동사)	る + られる	見る → 見られる 起きる → 起きられる 食べる → 食べられる 寝る → 寝られる
3그룹 동사 (カ행변격동사 サ행변격동사)	来る → 来られる する → できる	来る → 来られる 運転する → 運転できる

カタカナが 書けますか。

好きな 人に 好きだと 言えますか。

学校で 何が できますか。

ごめんなさい、明日から 出張なので 来られません。

[참고] ~が + 가능형 （=~を + 기본형 + ことが できる）

→ ひらがなが 読める＝ひらがなを 読む ことが できる。

→ 英語が 教えられる＝英語を 教える ことが できる。

※ 가능형 활용 연습 (해답 13쪽)

의미	동사	가능형	의미	동사	가능형
사다	買う		기다리다	待つ	
쓰다	書く		이야기하다	話す	
읽다	読む		나가다	出る	
보다	見る		하다	する	
놀다	遊ぶ		되다	なる	
걷다	歩く		죽다	死ぬ	
쉬다	休む		찍다	撮る	
먹다	食べる		가르치다	教える	
헤엄치다	泳ぐ		오다	来る	
가다	行く		부르다	呼ぶ	
일하다	働く		마시다	飲む	
자다	寝る		듣다	聞く	
일어나다	起きる		만들다	作る	
만나다	会う		돌아오다(가다)	帰る	
타다	乗る		걸다	かける	
피우다, 빨다	吸う		씻다	洗う	

カタカナ 가타카나 | 好すきだ 좋아하다 | 学校がっこう 학교 | 出張しゅっちょう 출장 | できる 할 수 있다

2 **〜なら** 〜라면

コンビニなら あそこに あります。

スポーツなら 木村さんです。
きむら

ソウルデパートなら 三番出口です。
さんばんでぐち

3 **〜に する** 〜로 하다

① A メニューは 何に しますか。
なに

B 私は ジュースに します。
わたし

② A 場所は どこに しましょうか。
ばしょ

B 上野公園に しましょう。
うえのこうえん

コンビニ 편의점(convenience store의 줄임말) | スポーツ 스포츠(sports) | デパート 백화점(department store) |

三番出口 さんばんでぐち 3번 출구 | メニュー 메뉴(menu) | ジュース 주스(juice) | 場所 ばしょ 장소 |

※ 가능형 활용 연습 해답

의미	동사	가능형	의미	동사	가능형
사다	買う	買える	기다리다	待つ	待てる
쓰다	書く	書ける	이야기하다	話す	話せる
읽다	読む	読める	나가다	出る	出られる
보다	見る	見られる	하다	する	できる
놀다	遊ぶ	遊べる	되다	なる	なれる
걷다	歩く	歩ける	죽다	死ぬ	死ねる
쉬다	休む	休める	찍다	撮る	撮れる
먹다	食べる	食べられる	가르치다	教える	教えられる
헤엄치다	泳ぐ	泳げる	오다	来る	来られる
가다	行く	行ける	부르다	呼ぶ	呼べる
일하다	働く	働ける	마시다	飲む	飲める
자다	寝る	寝られる	듣다	聞く	聞ける
일어나다	起きる	起きられる	만들다	作る	作れる
만나다	会う	会える	돌아오다(가다)	帰る	帰れる
타다	乗る	乗れる	걸다	かける	かけられる
피우다, 빨다	吸う	吸える	씻다	洗う	洗える

패턴 연습

1. 보기

ピアノが 弾^ひけますか。

→ <u>はい、弾けます。</u>

<u>いいえ、弾けません。</u>

ピアノを 弾^ひく

1)

漢字^{かん じ}が 書^かけますか。

→ _____。

_____。

漢字^{かん じ}を 書^かく

2) 5:30

朝^{あさ} 早^{はや}く 起^おきられますか。

→ _____。

_____。

朝早^{あさ はや}く 起^おきる

3)

プールで 泳^{およ}げますか。

→ _____。

_____。

プールで 泳^{およ}ぐ

4)

電話^{でん わ}が 使^{つか}えますか。

→ _____。

_____。

電話^{でん わ}を 使^{つか}う

ピアノを 弾^ひく 피아노를 치다 | 漢字^{かんじ} 한자 | 朝^{あさ} 아침 | 早^{はや}く 일찍 | プール 풀장(pool) |

泳^{およ}ぐ 수영하다 | 使^{つか}う 사용하다, 쓰다

2. 보기

日本(にほん)の 歌(うた)を 歌(うた)う

（○ → <u>日本の 歌が 歌えます。</u>）

（× → <u>日本の 歌が 歌えません。</u>）

1)

○

スキーを する

→ ＿＿＿＿＿＿＿＿＿＿＿＿＿＿＿＿＿＿＿＿。

2)

×

運転(うんてん)を する

→ ＿＿＿＿＿＿＿＿＿＿＿＿＿＿＿＿＿＿＿＿。

3)

○

中国語(ちゅうごくご)で 話(はな)す

→ ＿＿＿＿＿＿＿＿＿＿＿＿＿＿＿＿＿＿＿＿。

4)

×

お酒(さけ)を 飲(の)む

→ ＿＿＿＿＿＿＿＿＿＿＿＿＿＿＿＿＿＿＿＿。

歌(うた)を 歌(うた)う 노래를 부르다 | スキーを する 스키를 타다 | 運転(うんてん) を する 운전을 하다 |

中国語(ちゅうごくご)で 話(はな)す 중국어로 이야기하다

독해·작문

 읽어 봅시다!

 Track 03

これは「ラブ」という映画のパンフレットです。

私は日本語ができるので、このパンフレットの日本語が読めます。

この映画は韓国人と日本人との愛についての話です。

20歳以上の人はこの映画が見られますが、20歳未満の人は見られません。

ラブ 사랑(love) | 映画えいが 영화 | パンフレット 팸플릿(pamphlet) | 愛あい 사랑 |

~に ついての+【名詞】~에 대한＋【명사】| 話はなし 이야기 | 20歳はたち 20세 | 以上いじょう 이상 |

未満みまん 미만

 일본어로 써 봅시다!

1. 히라가나를 읽을 수 있습니까?

_____

2. 중학생은 이 영화를 볼 수 없습니다.

_____

3. 내일은 올 수 있습니까?

_____

한자 연습

한자 즐기기

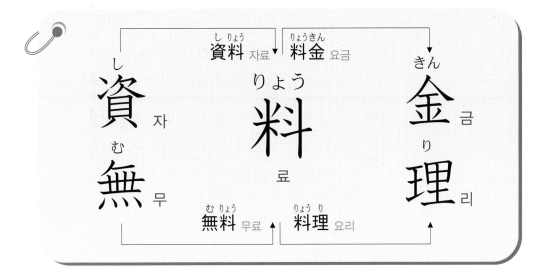

資料 しりょう 자료 → 料金 りょうきん 요금

資 し 자
無 む 무

料 りょう 료

金 きん 금
理 り 리

無料 むりょう 무료 ← 料理 りょうり 요리

써 봅시다!

うん てん 運転 운전	運転			
そつ ぎょう しき 卒業式 졸업식	卒業式			
み まん 未満 미만	未満			
で ぐち 出口 출구	出口			
あい 愛 사랑	愛			
しゅっちょう 出張 출장	出張			

듣기 연습

A. 두 사람의 대화를 듣고 언제 여행을 가기로 했는지 **1** **2** **3**번 중에서 고르세요. Track 04

月	火	水	木	金	土	日
					1	2
3	4	5	6	7	8 **1**	9
10	11	12	13	14	15 **2**	16
17	18	19	20	21	22 **3**	23
24	25	26	27	28	29	30

정답 (   )

B. 하나코 씨에 대한 설명이 그림과 일치하면 ○, 일치하지 않으면 ✕를 넣으세요. Track 05

1) hello

(   )

2)

(   )

3)

(   )

4)

(   )

회화 플러스

1. 가능 표현 1

 Track 06

→ 英語が できますか。
영어를 할 수 있습니까?

예 **A** 英語が できますか。 영어를 할 수 있습니까?

B1 はい、すこし できます。 네, 조금 할 수 있습니다.

B2 いいえ、ぜんぜん できません。 아니요, 전혀 못합니다.

| 아래 낱말을 써서 밑줄 친 부분과 바꿔서 말해 보세요. |

韓国語かんこくご 한국어 | 中国語ちゅうごくご 중국어 | 水泳すいえい 수영 | ゴルフ 골프 |

スキー 스키 | 運転うんてん 운전 | フランス料理りょうり 프랑스 요리

2. 가능 표현 2

→ 辛い 料理が 食べられますか。
매운 요리를 먹을 수 있습니까?

예 **A** 辛い 料理が 食べられますか。
매운 요리를 먹을 수 있습니까?

B1 はい、食べられます。大好きです。
네, 먹을 수 있습니다. 아주 좋아합니다.

B2 いいえ、私は 辛い 料理が 食べられません。
아뇨, 저는 매운 요리를 못 먹습니다.

● 일본의 새해

가도마츠(門松)와 도시코시소바(年越しそば)

일본은 우리와 다른 독특한 모습으로 새해를 맞이합니다. 새해를 맞이하는 준비는 전날인 12월 31일부터 시작되는데, '오소지(大掃除)'라는 대청소를 하고, 집 앞에는 정월 장식인 '가도마쓰(門松)'를 놓아 신과 사람을 맞이할 준비를 합니다. 그리고 저녁에는 '도시코시소바(年越しそば)'라는 메밀국수를 먹는데, 도시코시소바는 '해를 넘기는 국수'라는 뜻으로 한 해를 잘 정리하고, 새로운 해로 잘 이어가자는 의미가 있습니다.

▲ 도시코시소바

▲ 집 앞에 놓인 가도마쓰

오조니(お雑煮)와 하츠모데(初詣)

새해의 먹은 거리도 빠뜨릴 수 없습니다. 일본에서는 우리나라의 떡국과 비슷한 '오조니(お雑煮)'와, 길(吉)한 음식을 찬합에 담아 먹는 '오세치료리(お節料理)'를 먹습니다. 또한 새해 처음으로 신사에 참배하는 '하츠모데(初詣)'를 합니다. 하츠모데에서는 부적을 사거나, 에마(絵馬)에 소원이나 목표를 적으며 좋은 한 해가 되기를 기원합니다. 또한 경내에서는 따뜻한 아마자케(甘酒)나 신주(神酒) 등을 팔기도 합니다.

▶ 오세치료리

▲ 도쿄도 아사쿠사의 하츠모데 풍경

후쿠부쿠로(福袋)

　백화점 등 거리의 상점 앞에서는 '후쿠부쿠로(福袋)'라는 '복주머니'를 쉽게 볼 수 있습니다. 후쿠부쿠로는 보통 천 엔에서 수십만 엔까지 가격이 천차만별인데, 후쿠부쿠로 안에는 그보다 3~5배 이상 되는 물건이 들어 있습니다. 최근에는 속이 보이는 봉투에 상품을 넣어 내용물을 미리 알 수 있게 한다든가 인터넷 판매를 하는 등 후쿠부쿠로도 다양화하고 있습니다. 일본의 후쿠부쿠로 행사는 새해에 빠질 수 없는 행사로, 우리나라에서도 이와 같은 행사를 하는 곳이 생겨나고 있습니다.

▶ 후쿠부쿠로

02

5時<ruby>ご<rt>ご</rt></ruby>時に 起<ruby>お<rt>お</rt></ruby>きなければ なりません。

5시에 일어나지 않으면 안 됩니다.

포인트 스피치 Track 07

❝
저는 백화점에서 아르바이트를 하고 있습니다.

백화점에서 여자는 유니폼을 입지 않으면 안 됩니다만,

남자는 입지 않아도 됩니다.

내일은 9시부터 아르바이트이기 때문에 일찍 일어나야 합니다.

私<ruby><rt>わたし</rt></ruby>は デパートで バイトを して います。

デパートで 女<ruby><rt>おんな</rt></ruby>の 人<ruby><rt>ひと</rt></ruby>は 制服<ruby><rt>せいふく</rt></ruby>を 着<ruby><rt>き</rt></ruby>なければ なりませんが、

男<ruby><rt>おとこ</rt></ruby>の 人<ruby><rt>ひと</rt></ruby>は 着<ruby><rt>き</rt></ruby>なくても いいです。

明日<ruby><rt>あした</rt></ruby>は 9時<ruby><rt>くじ</rt></ruby>から バイトなので、早<ruby><rt>はや</rt></ruby>く 起<ruby><rt>お</rt></ruby>きなければ なりません。
❞

기본 회화

Track 08

山田（やまだ）　恭子（きょうこ）さん、就職（しゅうしょく）おめでとうございます。

恭子（きょうこ）　ありがとうございます。

でも、毎朝（まいあさ）5時（ごじ）に起（お）きなければ なりません。

山田　え～、早（はや）いですね。土曜日（どようび）も 会社（かいしゃ）へ 行（い）くんですか。

恭子　いいえ、土曜日は 行（い）かなくても いいです。

山田　うちの 会社は 土曜日も 行かなければ なりません。

恭子　それは たいへんですね。

山田　恭子さん、出勤（しゅっきん）は いつからですか。

恭子　明日（あした）からです。

山田　じゃ、遅（おく）れないで くださいね。

就職（しゅうしょく）취직 | おめでとうございます 축하합니다 | でも 하지만, 그렇지만 | 毎朝（まいあさ）매일 아침 |

え 의아해서 물을 때의 감탄사 | 早（はや）い 이르다, 빠르다 | 大変（たいへん）だ 큰일이다 | 出勤（しゅっきん）출근 |

遅（おく）れる 늦다

문법 포인트

1 동사의 부정형

1그룹 동사 (5단동사)	u단 → a단 + ない (단, う로 끝나는 동사는 う → わ로 바꾼다)	예 会う → 会わない(○) 会う → 会あない(×) ある → ない(○), あらない(×) 読む → 読まない ★ 帰る → 帰らない
2그룹 동사 (상1단동사 하1단동사)	る + ない	いる → いない 見る → 見ない 食べる → 食べない
3그룹 동사 (カ행변격동사 サ행변격동사)	来る → 来ない する → しない	来る → 来ない 運動する → 運動しない

2 ない형 활용 문법

～ないで ください	～하지 말아 주세요	예 食べないで ください
～ない 方が いいです	～하지 않는 편이 좋습니다	예 食べない 方が いいです
～なければ なりません	～하지 않으면 안 됩니다	예 食べなければ なりません
～なくても いいです	～하지 않아도 됩니다	예 食べなくても いいです
～ないで	～하지 않고(나열, 열거)	예 食べないで

※ 부정형 활용 연습 (해답 28쪽)

의미	동사	ない형	의미	동사	ない형
사다	買う		기다리다	待つ	
쓰다	書く		이야기하다	話す	
읽다	読む		나가다	出る	
보다	見る		하다	する	
놀다	遊ぶ		되다	なる	
걷다	歩く		죽다	死ぬ	
쉬다	休む		찍다	撮る	
먹다	食べる		가르치다	教える	
헤엄치다	泳ぐ		오다	来る	
가다	行く		부르다	呼ぶ	
일하다	働く		마시다	飲む	
자다	寝る		듣다	聞く	
일어나다	起きる		만들다	作る	
만나다	会う		돌아오다(가다)	帰る	
타다	乗る		걸다	かける	
피우다, 빨다	吸う		씻다	洗う	

3 **～なければ なりません**
～なければ いけません ～하지 않으면 안 됩니다, ～해야 합니다

一生懸命 勉強しなければ なりません。

会社では 制服を 着なければ なりません。

7時までに 着かなければ いけません。

4 **～なくても いいです** ～ 하지 않아도 됩니다

日本語で 話さなくても いいです。

明日は バイトに 来なくても いいです。

仕事を やめなくても いいです。

5 **～ないで ください** ～하지 마세요, ～하지 말아 주세요

ここで たばこを 吸わないで ください。

ここで 写真を 撮らないで ください。

ビールを 飲んで 車を 運転しないで ください。

一生懸命いっしょうけんめい 열심히 | 制服せいふく 제복 | 着きる 입다 | ～までに ～까지 |

着つく 도착하다 | バイト 아르바이트(アルバイト의 줄임말) | 仕事しごとを やめる 일을 그만두다 |

たばこを 吸すう 담배를 피우다 | 写真しゃしんを 撮とる 사진을 찍다 | ビール 맥주(beer) |

6 ～んです ～인 것입니다, ～인데요(회화체 표현)

[명사]

明日は キムさんの 誕生日なんです。

[い형용사]

とても おいしいんです。

[な형용사]

交通は 便利なんです。

[동사]

暇な 時は 何を するんですか。

よく わからないんです。

誕生日たんじょうび 생일 | 交通こうつう 교통 | 便利べんりだ 편리하다 | 暇ひまだ 한가하다 | 時とき 때 |

よく 잘, 자주 | わかる 알다, 이해하다

문법 포인트

※ 부정형 활용 연습 해답

의미	동사	ない형	의미	동사	ない형
사다	買う	買わない	기다리다	待つ	待たない
쓰다	書く	書かない	이야기하다	話す	話さない
읽다	読む	読まない	나가다	出る	出ない
보다	見る	見ない	하다	する	しない
놀다	遊ぶ	遊ばない	되다	なる	ならない
걷다	歩く	歩かない	죽다	死ぬ	死なない
쉬다	休む	休まない	찍다	撮る	撮らない
먹다	食べる	食べない	가르치다	教える	教えない
헤엄치다	泳ぐ	泳がない	오다	来る	来ない
가다	行く	行かない	부르다	呼ぶ	呼ばない
일하다	働く	働かない	마시다	飲む	飲まない
자다	寝る	寝ない	듣다	聞く	聞かない
일어나다	起きる	起きない	만들다	作る	作らない
만나다	会う	会わない	돌아오다	帰る	帰らない
타다	乗る	乗らない	걸다	かける	かけない
피우다, 빨다	吸う	吸わない	씻다	洗う	洗わない

패턴 연습

1. 보기

試験(しけん)を 受(う)ける → 試験を <u>受けなければ なりません</u>。

1) 友達(ともだち)に 会(あ)う　→ 友達に＿＿＿＿＿＿＿＿＿＿＿＿＿＿＿＿＿＿＿＿。

2) 電車(でんしゃ)に 乗(の)る　→ 電車に＿＿＿＿＿＿＿＿＿＿＿＿＿＿＿＿＿＿＿＿。

3) 授業(じゅぎょう)を 受(う)ける → 授業を＿＿＿＿＿＿＿＿＿＿＿＿＿＿＿＿＿＿。

2. 보기

キムさんに 電話(でんわ)する → キムさんに <u>電話しなくても いいです</u>。

1) 掃除(そうじ)を する　→ 掃除を＿＿＿＿＿＿＿＿＿＿＿＿＿＿＿＿＿＿＿＿。

2) お金(かね)を 払(はら)う　→ お金を＿＿＿＿＿＿＿＿＿＿＿＿＿＿＿＿＿＿＿＿。

3) 買(か)い物(もの)に 行(い)く → 買い物に＿＿＿＿＿＿＿＿＿＿＿＿＿＿＿＿＿＿。

試験(しけん)を 受(う)ける 시험을 보다(치르다) | 電車(でんしゃ)に 乗(の)る 전철을 타다 |

授業(じゅぎょう)を 受(う)ける 수업을 듣다 | 掃除(そうじ) 청소 | お金(かね) 돈 | 払(はら)う 지불하다 |

買(か)い物(もの)に 行(い)く 쇼핑을 하러 가다

패턴 연습

3. **보기**

話す → 隣の 人と 話さないで ください。

1) 映画を 見る → 20歳未満の 人は この_____。

2) 電話を する → 夜遅く_____。

3) 病院へ 来る → 明日は 休みなので_____。

4. **보기**

タクシーに 乗る → 夜 遅く タクシーに 乗らない 方が いいです。

1) 触る → 人の 物に_____。

2) 車を 止める → ここに_____。

3) ガムを かむ → 授業中に_____。

隣となり 옆 | 未満みまん 미만 | 休やすみ 휴일 | 病院びょういん 병원 | 触さわる 손대다, 만지다 |

物もの 물건, 것 | 車くるまを 止とめる 차를 세우다 | ガムを かむ 껌을 씹다 |

授業中じゅぎょうちゅう 수업 중

5. 다음 예와 같이 표를 완성하세요.

예	学生 학생	学生なんです 学生じゃないんです	学生だったんです 学生じゃなかったんです
명사	会社員 회사원		
	休み 휴일		
예	おいしい 맛있다	おいしいんです おいしくないんです	おいしかったんです おいしくなかったんです
い형용사	高い 비싸다		
	忙しい 바쁘다		
예	有名だ 유명하다	有名なんです 有名じゃないんです	有名だったんです 有名じゃなかったんです
な형용사	きれいだ 예쁘다		
	便利だ 편리하다		
예	行く 가다	行くんです 行かないんです	行ったんです 行かなかったんです
동사	食べる 먹다		
	する 하다		

읽어 봅시다!　　　　　　　　　　　🎵 Track 09

^{うち}家から^{がっこう}学校まで^{やくいちじかん}約１時間ぐらいかかるので、^{わたし}私は^{あさはや}朝早く^お起きなければなりません。^{ときどき}時々、^{あさ}朝ご^{はん}飯を^た食べないで、^い行くこともあります。

^{あした}明日の^{じゅぎょう}授業は^{ごごにじ}午後2時に^{はじ}始まりますから、^{いそ}急がなくてもいいです。

^{らいしゅう}来週の^{げつようび}月曜日にはテストがあるので、^{いっしょうけんめいべんきょう}一生懸命勉強しなければなりません。

家うち (우리) 집 | 約1時間やくいちじかん 약 1시간 | 時々ときどき 때때로, 종종 | 授業じゅぎょう 수업 |

午後ごご 오후 | 始はじまる 시작되다 | 急いそぐ 서두르다 | テスト 시험, 테스트(test) |

〜ので 〜이기 때문에 | 一生懸命いっしょうけんめい 열심히

일본어로 써 봅시다!

1. 여기에서 사진을 찍지 마세요.

_____

2. 내일은 휴일이라서 학교에 가지 않아도 됩니다.

_____

3. 일본어로 이야기하지 않으면 안 됩니다.

_____

정답 1. ここで 写真(しゃしん)を 撮(と)らないで ください。
2. 明日(あした)は 休(やす)みなので 学校(がっこう)へ 行(い)かなくても いいです。
3. 日本語(にほんご)で 話(はな)さなければ なりません。

32

한자 연습

한자 즐기기

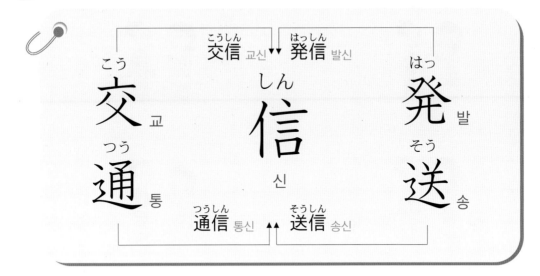

써 봅시다!

よる 夜 밤, 저녁	夜			
しゅっ きん 出勤 출근	出勤			
せい ふく 制服 제복, 유니폼	制服			
しゅうしょく 就職 취직	就職			
じゅ ぎょう 授業 수업	授業			
し けん 試験 시험	試験			

듣기 연습

A. 스즈키 씨의 회사 유니폼은 다음 중 어느 것인지 고르세요.　　　🔘 Track 10

1)

2)

3)

4)

정답 (　　　　　)

B. 내용을 듣고 그림과 일치하면 ○, 일치하지 않으면 ✕를 넣으세요.　　🔘 Track 11

1)

(　　　　　)

2)

(　　　　　)

3)

(　　　　　)

4)

(　　　　　)

회화 플러스

1. 의무 표현

→ 明日<small>あした</small>は 何<small>なに</small>を しなければ なりませんか。

내일은 무엇을 하지 않으면 안 됩니까?

예 **A** <u>明日<small>あした</small></u>は 何を しなければ なりませんか。

　　내일은 무엇을 하지 않으면 안 됩니까?

　 B 明日は <u>出勤<small>しゅっきん</small>しなければ</u> なりません。　내일은 출근해야 합니다.

| 아래 낱말을 써서 밑줄 친 부분과 바꿔서 말해 보세요. |

週末<small>しゅうまつ</small> 주말 | 発表<small>はっぴょう</small>の 準備<small>じゅんび</small>を する 발표 준비를 하다 |

漢字<small>かんじ</small>を 覚<small>おぼ</small>える 한자를 외우다 | 結婚式<small>けっこんしき</small>に 行<small>い</small>く 결혼식에 가다 |

5時<small>じ</small>ごに 起<small>お</small>きる 5시에 일어나다 | 部屋<small>へや</small>の 掃除<small>そうじ</small>を する 방 청소를 하다

2. 생각에 대한 질문

→ 愛<small>あい</small>してない 人<small>ひと</small>と 結婚<small>けっこん</small>できると 思<small>おも</small>いますか。

사랑하지 않는 사람과 결혼할 수 있다고 생각합니까?

예 **A** 愛してない 人と 結婚できると 思いますか。

　　사랑하지 않는 사람과 결혼할 수 있다고 생각합니까?

　 B1 はい、できると 思います。　네, 할 수 있다고 생각합니다.

　 B2 いいえ、できないと 思います。 아뇨, 할 수 없다고 생각합니다.

● 일본의 밸런타인데이

2월 14일은 세계적으로 유명한 기념일인 밸런타인데이입니다. 일본 역시 밸런타인데이를 기념하는데, 일본만의 독특한 문화가 있습니다. 우리와 달리 여성이 남성에게 주는 두 가지 초콜릿이 있고, 그 의미가 각각 다릅니다. 바로 '혼메이초코(本命チョコ)'와 '기리초코(義理チョコ)'입니다.

'혼메이초코'는 사랑하는 연인이나 진심으로 고백을 하려는 사람에게 주는 초콜릿이고, '기리초코'는 직장 동료나 상사, 친한 이성 친구에게 주는 초콜릿을 말합니다.

'혼메이초코'는 마음에 드는 남성에게 주는 초콜릿인 만큼 정성을 담아 직접 만들거나, 고급 초콜릿을 선물하고, '기리초코'의 경우에는 평소의 감사의 마음을 담아, 부담없이 나눠 줄 수 있을 정도의 초콜릿을 여러 사람에게 선물합니다.

▲ 이성 친구에게 주는 '기리초코'의 예

◀ 정성이 담긴 '혼메이초코'의 예

화이트데이에는 우리나라와 마찬가지로 초콜릿을 받은 남성이 여성에게 보답의 선물을 줍니다. 밸런타인데이에 '기리초코'를 받은 경우에는 보통은 자신이 받은 선물과 비슷한 금액의 쿠키나 사탕 등으로 돌려주는 경우가 많습니다.

'혼메이초코'를 받았을 때는 자신이 받은 것보다 조금 더 가격이 높은 선물로 보답을 하는데요, '화이트데이 보답은 3배로 돌려준다(ホワイトデーは３倍返し)'라는 말이 있을 정도였지만, 요즘은 합리적인 가격에 맞춰 보답하는 추세라고 합니다.

03

土曜日に
結婚するそうです。

토요일에 결혼한다고 합니다.

" 일기예보에 의하면 오늘은 비가 온다고 합니다.

비 오는 날은 길이 막히기 때문에 전철을 타고 학교에 가려고 합니다.

하지만, 오늘은 전철도 사람이 많을 것 같습니다.

天気予報に よると 今日は 雨が 降るそうです。

雨の 日は 道が 混むので、電車に 乗って 学校へ 行こうと 思って います。

でも、今日は 電車も 人が 多そうです。 "

기본 회화

 Track 14

〈招待状を 見ながら〉

木村　これ、何ですか。

恭子　招待状です。 土曜日に 恵美さんが 結婚するそうです。

木村　へぇ、こちらが フィアンセですか。優しそうですね。

　　　ところで、恭子さんは 恵美さんの 結婚式に 行きますか。

恭子　はい、バイトが 終わってから 行こうと 思って いますが。

木村　新婚旅行は どこに 行くんですか。

恭子　ヨーロッパに 行くそうですよ。

木村　うらやましいですね。私も 早く 結婚したいですね。

招待状しょうたいじょう 초대장 | 結婚けっこん 결혼 | フィアンセ 애인(fiance), 결혼할 사람 |

優やさしい 자상하다, 상냥하다 | ところで 그런데 | 結婚式けっこんしき 결혼식 | 終おわる 끝나다, 마치다 |

新婚旅行しんこんりょこう 신혼여행 | ヨーロッパ 유럽(Europe) | うらやましい 부럽다 |

結婚けっこんしたい 결혼하고 싶다

문법 포인트

1 そうだ **용법**

	전문(伝聞)의 そうだ ~라고 한다	추측·양태의 そうだ ~인 것 같다
명사(N)	명사(N) + だ + そうだ 예 韓国人だそうです 한국인이라고 합니다	✕
い형용사	~い + そうだ 예 おいしいそうです 맛있다고 합니다	~い そうだ 예 おいしそうです 맛있을 것 같습니다
な형용사	~だ + そうだ 예 まじめだそうです 성실하다고 합니다	~だ そうだ 예 まじめそうです 성실한 것 같습니다
동사(V)	기본체 + そうだ 예 雨が 降るそうです 비가 온다고 합니다	ます형 + そうだ 예 雨が 降りそうです 비가 내릴 것 같습니다

※ いい와 ない에 붙는 そうだ (추측·양태)

いい → よさそうだ (○) いさそうだ (✕)

예 性格が よさそうですね。 성격이 좋은 것 같군요.

ない → なさそうだ (○) なそうだ (✕)

예 お金は あまり なさそうです。 돈은 별로 없는 것 같습니다.

忙しく なさそうです。 바쁘지 않아 보입니다.

※ そうだ의 품사별 사용 예

명사(N)	キムさんの 彼氏は 日本人だそうです。〈전문〉
い형용사	キムさんの お母さんは 優しいそうです。〈전문〉
	キムさんの お母さんは 優しそうです。〈추측·양태〉
な형용사	田中さんは スポーツが 上手だそうです。〈전문〉
	田中さんは スポーツが 上手そうです。〈추측·양태〉
동사(V)	天気予報に よると 明日は 雨が 降るそうです。〈전문〉
	今にも 雨が 降りそうです。〈추측·양태〉

[참고] 전문의 そうだ 의 경우

명사·형용사·동사의 현재형, 부정형, 과거형, 과거부정형 등도 같은 방법으로 활용한다.

예 おいしいそうです。(기본형)

おいしくないそうです。(부정형)

おいしかったそうです。(과거형)

おいしくなかったそうです。(과거부정형)

性格せいかく 성격 | **彼氏**かれし 남자 친구, 그이 | **お母**かあ**さん** 어머니 | **優**やさ**しい** 자상하다, 상냥하다 |

上手じょうずだ 잘하다 | **天気予報**てんきよほう 일기예보 | **～に よると** ～에 의하면, ～에 따르면 |

今いま**にも** 지금이라도, 당장이라도

문법 포인트

2 기본체 + そうです。 전문의 そうだ

キムさんは 来年の 9月に 日本へ 留学するそうです。

青木さんは 10時に 出発したそうです。

山田さんは 残業で 行けないそうです。

3 ～M + そうです。 추측·양태의 そうだ

この チーズケーキ、 とても おいしそうですね。

キムさんの お兄さんは 頭が よさそうです。

[비교] 전문의 そうだ : ～い + そうだ

あの 店の ケーキは とても おいしいそうです。

저 가게의 케이크는 맛있다고 합니다.

来年らいねん 내년 | 9月くがつ 9월 | 留学りゅうがく 유학 | 出発しゅっぱつ 출발 | 残業ざんぎょう 잔업, 야근 |

行いけない 갈 수 없다 | チーズケーキ 치즈케이크(cheesecake) | 頭あたま 머리 | 店みせ 가게

ㄴ (1) 동사의 의지형

1그룹 동사 (5단동사)	u단 → o단 + う	例 会^あう → 会おう 行^いく → 行こう ★ 帰^{かえ}る → 帰ろう
2그룹 동사 (상1단동사 하1단동사)	る + よう	見^みる → 見よう 起^おきる → 起きよう 食^たべる → 食べよう
3그룹 동사 (カ행변격동사 サ행변격동사)	来^くる → 来^こよう する → しよう	来^くる → 来^こよう 結婚^{けっこん}する → 結婚しよう

① ～(よ)う と 思^{おも}います ～하려고 합니다(의지형)

② ～(よ)う ～하자(권유형)

③ ～(よ)う ～해야지(의지형) → 본인의 의지

(2) つもり (확실하지 않은 주관적인) 생각·예정

土曜日^{どようび}に 友達^{ともだち}と 映画^{えいが}を 見^みる つもりです。 토요일에 친구와 영화를 볼 생각입니다.

(3) 予定 (확정적인) 예정

汽車^{きしゃ}は 3時^{さんじ}に 出発^{しゅっぱつ}する 予定^{よてい}です。 기차는 3시에 출발할 예정입니다.

汽車きしゃ 기차 | 予定よてい 예정

※ 의지형 활용 연습 (해답 46쪽)

의미	동사	의지형	의미	동사	의지형
사다	買う		기다리다	待つ	
쓰다	書く		이야기하다	話す	
읽다	読む		나가다	出る	
보다	見る		하다	する	
놀다	遊ぶ		되다	なる	
걷다	歩く		죽다	死ぬ	
쉬다	休む		찍다	撮る	
먹다	食べる		가르치다	教える	
헤엄치다	泳ぐ		오다	来る	
가다	行く		부르다	呼ぶ	
일하다	働く		마시다	飲む	
자다	寝る		듣다	聞く	
일어나다	起きる		만들다	作る	
만나다	会う		돌아오다(가다)	帰る	
타다	乗る		걸다	かける	
피우다, 빨다	吸う		씻다	洗う	

5 〜（よ）うと　思います。 〜하려고 합니다

木村（きむら）さんに　日本語（にほんご）で　手紙（てがみ）を　書（か）こうと　思（おも）います。

毎日（まいにち）　単語（たんご）を　五（いつ）つずつ　覚（おぼ）えようと　思います。

一生懸命（いっしょうけんめい）　勉強（べんきょう）しようと　思います。

[권유 · 본인의 의지 · 다짐 · 독백] 〜하자

木村さんに　日本語で　手紙を　書こう。

毎日　単語を　五つずつ　覚えよう。

一生懸命　勉強しよう。

手紙てがみ 편지 | 毎日まいにち 매일 | 単語たんご 단어 | 〜ずつ 〜씩 | 覚おぼえる 외우다 |

一生懸命いっしょうけんめい 열심히

※ 의지형 활용 연습 해답

의미	동사	의지형	의미	동사	의지형
사다	買う	買おう	기다리다	待つ	待とう
쓰다	書く	書こう	이야기하다	話す	話そう
읽다	読む	読もう	나가다	出る	出よう
보다	見る	見よう	하다	する	しよう
놀다	遊ぶ	遊ぼう	되다	なる	なろう
걷다	歩く	歩こう	죽다	死ぬ	死のう
쉬다	休む	休もう	찍다	撮る	撮ろう
먹다	食べる	食べよう	가르치다	教える	教えよう
헤엄치다	泳ぐ	泳ごう	오다	来る	来よう
가다	行く	行こう	부르다	呼ぶ	呼ぼう
일하다	働く	働こう	마시다	飲む	飲もう
자다	寝る	寝よう	듣다	聞く	聞こう
일어나다	起きる	起きよう	만들다	作る	作ろう
만나다	会う	会おう	돌아오다(가다)	帰る	帰ろう
타다	乗る	乗ろう	걸다	かける	かけよう
피우다, 빨다	吸う	吸おう	씻다	洗う	洗おう

패턴 연습

1. 보기

雨<ruby>あめ</ruby>が 降<ruby>ふ</ruby>る

→ 天気予報<ruby>てんきよほう</ruby>に よると 明日<ruby>あした</ruby>は <u>雨<ruby>あめ</ruby>が 降るそうです。</u>

1)

おもしろい

→ キムさんの 話<ruby>はなし</ruby>に よると あの 映画<ruby>えいが</ruby>は とても

＿＿＿＿＿＿＿＿＿＿＿＿＿＿＿＿＿＿＿＿＿。

2)

物価<ruby>ぶっか</ruby>が 高<ruby>たか</ruby>く なる

→ ニュースに よると 来年<ruby>らいねん</ruby>から

＿＿＿＿＿＿＿＿＿＿＿＿＿＿＿＿＿＿＿＿＿。

3)

晴<ruby>は</ruby>れる

→ 天気予報に よると 午後<ruby>ごご</ruby>から

＿＿＿＿＿＿＿＿＿＿＿＿＿＿＿＿＿＿＿＿＿。

4)

歌<ruby>うた</ruby>が 上手<ruby>じょうず</ruby>だ

→ 山田<ruby>やまだ</ruby>さんの 話に よると 恭子<ruby>きょうこ</ruby>さんは とても

＿＿＿＿＿＿＿＿＿＿＿＿＿＿＿＿＿＿＿＿＿。

～に よると ～에 의하면, ～에 따르면 | 話はなし 이야기 | 物価ぶっか 물가 | ニュース 뉴스(News) |

歌うた 노래

패턴 연습

2. 보기

^{あめ}雨が ^ふ降る

→ ^{いま}今にも <u>雨が 降りそうです</u>。

1)

^{せいかく}性格が いい

→ ^{あお き}青木さんは 性格が_____。

2)

^お落ちる

→ ^{あぶ}危ないです。 かびんが _____。

3)

^な泣く

→ あの子は 今にも_____。

4)

おいしい

→ この クッキーは_____。

落おちる 떨어지다 | 危あぶない 위험하다 | かびん 꽃병 | 泣なく 울다 |

クッキー 쿠키(cookie)

3. 보기

英語を 教える

→ 学校で 英語を 教えようと 思います。

1)

電話を かける

→ 恵子さんに _____。

2)

中国語の 授業を 受ける

→ 会社で _____。

3)

山に 登る

→ 休みに 友達と _____。

4)

地下鉄に 乗る

→ 道路が 混むから _____。

教おしえる 가르치다 | 授業じゅぎょうを 受うける 수업을 듣다 | 山やまに 登のぼる 산에 오르다 |

休やすみ 휴일, 휴가 | 地下鉄ちかてつに 乗のる 지하철을 타다 | 道路どうろ 도로 | 混こむ 막히다, 붐비다 |

〜から 〜이기 때문에

읽어 봅시다!

 Track 15

私（わたし）は週末（しゅうまつ）、友達（ともだち）と済州島（チェジュド）へ遊（あそ）びに行（い）こうと思（おも）います。

しかし、ニュースによると明日（あした）から日曜日（にちようび）までずっと雨（あめ）が降（ふ）るそうです。それで、昨日（きのう）友達に電話（でんわ）をして聞（き）いてみました。友達は天気（てんき）が悪（わる）くても行こうと言（い）いました。 私たちは予定（よてい）どおり行くことにしましたが、今（いま）にも雨が降りそうなので、ちょっと心配（しんぱい）です。

週末しゅうまつ 주말 | 済州島チェジュド 제주도 | 遊あそびに 行いく 놀러가다 |

～と 思おもいます ～하려고 합니다 | しかし 그러나 | ずっと 쭉, 훨씬 | それで 그래서 |

私わたしたち 우리들 | 予定よていどおり 예정대로 | 【동사 기본형】＋ことにする ～하기로 하다 |

今いまにも 지금이라도 | ちょっと 좀, 약간 | 心配しんぱい 걱정, 염려

 일본어로 써 봅시다!

1. 일기예보에 의하면 내일은 눈이 온다고 합니다.

_____

2. 다나카 씨는 성실해 보입니다(성실한 것 같습니다).

_____

3. 7시에 친구를 만나서 영화를 보려고 합니다.

_____

한자 연습

한자 즐기기

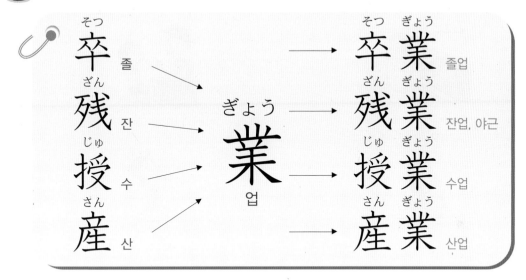

써 봅시다!

天気予報 てんきよほう 일기 예보	天気予報			
道路 どうろ 도로	道路			
準備 じゅんび 준비	準備			
残業 ざんぎょう 잔업, 야근	残業			
物価 ぶっか 물가	物価			
地下鉄 ちかてつ 지하철	地下鉄			

듣기 연습

A. 다음 내용을 듣고 진행되는 순서를 적으세요.

Track 16

가)

나)

다)

라)

(   ) ― (   ) ― (   ) ― (   )

B. 내용을 듣고 그림과 일치하면 ○, 일치하지 않으면 ×를 넣으세요.

Track 17

1)

(   )

2)

(   )

3)

(   )

4)

(   )

회화 플러스

1. 날씨

→ 今日^{きょう}の 天気^{てんき}は どうでしょうか。

오늘의 날씨는 어떨까요?

 A 今日の 天気は どうでしょうか。
오늘의 날씨는 어떨까요?

B 天気予報^{てんきよほう}に よると <u>雨^{あめ}が 降る</u>そうです。
일기예보에 따르면 비가 온다고 합니다.

| 아래 낱말을 써서 밑줄 친 부분과 바꿔서 말해 보세요. |

雨^{あめ}が やむ 비가 그치다 | 雪^{ゆき}が 降^ふる 눈이 오다 | 風^{かぜ}が 吹^ふく 바람이 불다 |

晴^はれる 맑다 | 曇^{くも}る 흐리다 | 台風^{たいふう}が 来^くる 태풍이 오다

2. 예정, 일정

→ 会社^{かいしゃ}が 終^おわってから 何^{なに}を する つもりですか。

회사가 끝나고 나서 무엇을 할 생각입니까?

 A <u>会社が 終わってから</u> 何を する つもりですか。
회사가 끝나고 나서 무엇을 할 생각입니까?

B <u>友達^{ともだち}と 一緒^{いっしょ}に</u> <u>食事^{しょくじ}を しよう</u>と 思^{おも}います。
친구와 함께 식사를 할 생각입니다.

| 아래 낱말을 써서 밑줄 친 부분과 바꿔서 말해 보세요. |

仕事^{しごと} 일 | バイト 아르바이트 | 同僚^{どうりょう} 동료 | 演劇^{えんげき}を 見^みる 연극을 보다 |

先輩^{せんぱい}に 会^あう 선배를 만나다 | 飲^のみ会^{かい}に 行^いく 회식, 술자리에 가다 |

コンサートに 行^いく 콘서트에 가다 | レポートを 書^かく 레포트를 쓰다

● 세쓰분

마메마키(豆まき)

일본의 '절분'인 '세쓰분(節分)'은 입춘 전날을 말합니다. 입춘 전날은 보통 해에 따라 다르지만, 보통 2월 3일 전후가 됩니다. 세쓰분 저녁에는 '마메마키(豆まき)'라 하여 집 안에서 콩을 뿌리는 의식을 거행하는데, 이때 '오니와 소토, 후쿠와 우치(鬼は外、福は家, 귀신은 밖으로, 복은 집으로)라고 외칩니다. 보통 가족 중 한 명이 도깨비 가면을 쓰고 돌아다니면, 아이들이 도깨비를 찾아다니며 콩을 도깨비에게 뿌립니다. 이때 도깨비 역할은 주로 아버지가 하며, 아버지가 쓰는 도깨비 가면은 학교나 유치원에서 아이들이 직접 만들기도 합니다. '마메마키'를 마친 후에는 자신의 나이만큼 혹은, 나이보다 1을 더한 만큼의 콩을 먹는데, 이러한 의식은 모두 봄을 맞이하기 전에 액운을 쫓아내고 행운을 부른다는 의미가 담겨 있습니다.

▲ 세쓰분의 또 다른 대표 음식 정어리

▲ 도깨비 가면과 콩

에호마키(恵_え方_{ほう}巻_まき)

또한 '세쓰분'에는 볶은 콩 외에도 에호마키(恵方巻き)라는 것을 먹는데 '에호마키'는 우리 나라의 김밥과 그 모습이 비슷하지만 매우 굵습니다. '에호'라는 것은 길(吉)한 방향을 뜻하는데, 길한 방향을 향해 말을 하지 않고 '에호마키'를 먹으면 운이 좋아진다고 일컬어집니다.

전국의 마메마키 행사

일본 전역의 신사에서도 성대하게 마메마키 행사를 하는데, 이때 각 신사에는 수많은 인파가 모여듭니다. 신사에서는 관광객에게 콩을 뿌리고, 관광객들은 이 콩을 받으려 합니다. 행사의 방법과 시기는 지역과 신사에 따라 다르기 때문에 행사에 참석하고자 한다면 가고자 하는 신사의 행사 일정을 확인해야 합니다.

▲ 신사의 마메마키 행사

▲ 에호마키

04

まるで
<ruby>天使<rt>てん し</rt></ruby>の ようですね。

마치 천사와 같군요.

포인트 스피치   Track 19

" 이 사진의 여성은 기무라 씨의 여동생입니다.

그녀는 올해 중학교 3학년이고, 참 귀엽습니다.

마치 인형 같습니다. 하지만, 성격은 남자아이 같습니다.

この <ruby>写真<rt>しゃしん</rt></ruby>の <ruby>女<rt>おんな</rt></ruby>の <ruby>人<rt>ひと</rt></ruby>は <ruby>木村<rt>き むら</rt></ruby>さんの <ruby>妹<rt>いもうと</rt></ruby>さんです。

<ruby>彼女<rt>かのじょ</rt></ruby>は <ruby>今年<rt>ことし</rt></ruby> <ruby>中学<rt>ちゅうがく</rt></ruby> <ruby>3年生<rt>さんねんせい</rt></ruby>で、 とても かわいいです。

まるで <ruby>人形<rt>にんぎょう</rt></ruby>の ようです。 でも、 <ruby>性格<rt>せいかく</rt></ruby>は <ruby>男<rt>おとこ</rt></ruby>の <ruby>子<rt>こ</rt></ruby>みたいです。 "

Track 20

田中（たなか）　木村（きむら）さんの　彼女（かのじょ）は　毎週（まいしゅう）　土曜日（どようび）に　病院（びょういん）で　ボランティアを

しているそうです。

恭子（きょうこ）　へぇー、まるで　天使（てんし）の　ようですね。

いつから　して　いるんですか。

田中　一年以上（いちねんいじょう）　ずっと　続（つづ）けて　いるらしいですよ。

恭子　えらいですね。

田中　それに　女（おんな）らしくて　きれいで、ナイチンゲールの　ような

人（ひと）に　なりたいそうです。

 ボランティア 봉사활동, 자원봉사(volunteer) | まるで 마치 | 天使てんし 천사 |

続つづける 계속하다, 지속하다 | えらい 훌륭하다 | それに 게다가 | 女おんならしい 여성스럽다 |

ナイチンゲールの ような 人ひと 나이팅게일 같은 사람 |【명사】＋ に なりたい ～이 되고 싶다

1 ようだ (～ようだ・～ような＋N・～ように)

접속 품사	ようだ	みたいだ(회화체)
명사(N)	명사(N) ＋ の ＋ようだ	명사(N) ＋ みたいだ
い형용사	～い ＋ ようだ	～い ＋ みたいだ
な형용사	だ → な ＋ ようだ	～だ ＋ みたいだ
동사(V)	기본체 ＋ ようだ	기본체 ＋ みたいだ

① 비유 (마치 ～와 같다)

まるで 夢のようです。(＝夢みたいです)

これは まるで 本物のようです。(＝本物みたいです)

② 추측 (불확실한 정보(감각)·근거에 의한 주관적인 추측)

明日は 雪が 降るようです。(＝降るみたいです)

佐藤さんは あまり 勉強しないようです。

(＝勉強しないみたいです)

夢ゆめ 꿈 | 本物ほんもの 진품, 진짜

② らしい (〜らしい・〜らしく・〜らしくて)

접속 품사	らしい
명사(N)	명사(N) + らしい
い형용사	〜い + らしい
な형용사	〜だ + らしい
동사(V)	기본체 + らしい

① 추측(불확실한 전문에 의한 추측)

あの 歌手<ruby>か</ruby>しゅ は かなり 有名<ruby>ゆうめい</ruby>らしいです。

山田<ruby>やまだ</ruby>さんは 今日<ruby>きょう</ruby> 調子<ruby>ちょうし</ruby>が 悪<ruby>わる</ruby>いらしいです。

② 〜답다

キムさんは 男<ruby>おとこ</ruby>らしい。

妹<ruby>いもうと</ruby>は 女<ruby>おんな</ruby>らしく ない タイプです。

かなり 꽤, 제법 | 調子ちょうしが 悪わるい 컨디션이 나쁘다 | 男おとこらしい 남자답다 |

妹いもうと 여동생 | タイプ 타입(type)

문법 포인트

3 명사 ＋ の ＋ ようだ (마치) ~와 같다

この 方が お母さんですか。 まるで お姉さんの ようですね。

(＝お姉さんみたいですね)

今日の かっこうは まるで 学生の ようですね。

(＝学生みたいですね)

4 ～みたいだ (＝～ようだ) ~인 것 같다 (추측)

佐藤さんは キムさんに 気が あるみたいです。

(＝気が あるようです)

どうも 風邪を 引いたみたいです。 (＝引いたようです)

山田さんは 魚が あまり 好きじゃないみたいです。

(＝好きじゃないようです)

方かた 분 | お母かあさん 어머니 | お姉ねえさん 언니 | かっこう 옷차림 | 気きが ある 마음이 있다 |

どうも 아무래도 | 風邪かぜを 引ひく 감기에 걸리다 | 魚さかな 생선

5 〜らしい (추측) ~인 것 같다

田中さんは バスで 来るらしいですが…。

弟は 彼女が いるらしいです。

来週から 寒く なるらしいです。

6 명사 ＋ らしい ~답다

私は 男らしくて まじめな 人が 好きです。

ムンさんは 女らしい タイプです。

それは 学生らしく ない 行動です。

[참고]

	そうだ (전문)	そうだ (추측)	ようだ	みたいだ (ようだ회화체)	らしい
명사(N)	명사(N)+だ +そうだ	×	명사(N) +の+ようだ	명사(N) +みたいだ	명사(N) +らしい
い형용사	〜い +そうだ	〜い̸ +そうだ	〜い +ようだ	〜い +みたいだ	〜い +らしい
な형용사	〜だ +そうだ	〜だ̸ +そうだ	〜だ → な +ようだ	〜だ̸ +みたいだ	〜だ̸ +らしい
동사(V)	기본체 +そうだ	ます형 +そうだ	기본체 +ようだ	기본체 +みたいだ	기본체 +らしい

バス 버스(bus) | **弟**おとうと 남동생 | **彼女**かのじょ 여자 친구 | **来週**らいしゅう 다음 주 |

寒さむく **なる** 추워지다 | **行動**こうどう 행동

패턴 연습

1.

보기

キムさんは 論文を 書きます。

→ 書くらしいです。

1)

木村さんは もう いません。

→ _____。

2)

青木さんは 今度の ピクニックには 行きません。

→ _____。

3)

手術の 後は とても 痛いです。

→ _____。

4)

祭りは たいへん にぎやかです。

→ _____。

論文 ろんぶん 논문 | 今度 こんど 이번 | ピクニック 피크닉(picnic), 소풍 | 手術 しゅじゅつ 수술 |

後 あと 후, 나중 | 痛い いたい 아프다 | 祭 まつり 축제 | たいへん 매우 | にぎやかだ 번화하다, 활기차다

2.

雨が 降る。

→ 雨が 降る<u>ようです</u>。

1)

あの ホテルは <u>静かだ</u>。

→ あの ホテルは＿＿＿＿＿＿＿＿＿＿＿＿＿。

2)

里美さんは 料理が <u>上手だ</u>。

→ 里美さんは 料理が＿＿＿＿＿＿＿＿＿＿＿。

3)

事故が <u>あった</u>。

→ 事故が＿＿＿＿＿＿＿＿＿＿＿＿＿＿。

4)

韓国より 日本の 物価の 方が <u>高い</u>。

→ 韓国より 日本の 物価の 方が＿＿＿＿＿＿＿。

ホテル 호텔(hotel) | 静しずかだ 조용하다 | 上手じょうずだ 잘하다, 능숙하다 |

事故じこが ある 사고가 나다 | ～より ～보다 | 物価ぶっか 물가 | ～方ほう ～쪽, ～편

독해·작문

 읽어 봅시다!

 Track 21

恵美ちゃんは私と同い年なのに、行動とか話し方を見ると、
まるでお姉さんのようだ。 彼女は女らしくて親切だから、
男の子たちに人気がたくさんあるようだ。
明日は休みなので、恵美ちゃんの家に遊びに行こうと思う。 一緒に
ビデオを見たり、コーヒーを飲みながら話したりしようと思う。

~ちゃん ~さん보다 친근한 호칭 | 同おない年どし 동갑 | ~とか ~라든가 |

話はなし方かた 말투, 말하는 법 | 男おとこの子こたち 남자아이들 |

人気にんき 인기 | 【명사】＋なので ~이기 때문에 | 遊あそびに 行いく 놀러 가다 |

~たり ~たり する ~하기도 ~하기도 하다 | 【ます형】＋ながら ~하면서

 일본어로 써 봅시다!

1. 마치 꿈과 같습니다.

_____

2. 저 학생에게는 좀 어려운 것 같습니다. (~ようだ)

_____

3. 내일부터 비가 올 것 같습니다. (~らしい)

_____

정답 1. まるで 夢(ゆめ)のようです。 (＝夢(ゆめ)みたいです)。
2. あの 学生(がくせい)には ちょっと 難(むずか)しいようです。
3. 明日(あした)から 雨(あめ)が 降(ふ)るらしいです。

한자 연습

한자 즐기기

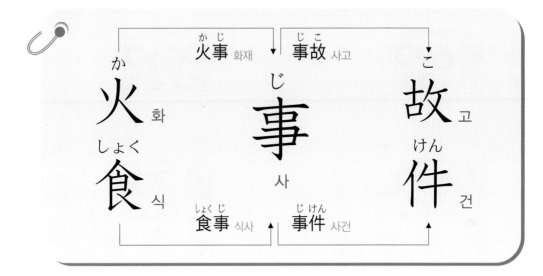

火事 화재 → 事故 사고

火 か / しょく 화 / 식
食 식

事 じ 사

故 こ 고
件 けん 건

食事 식사 ← 事件 사건

써 봅시다!

ゆめ 夢 꿈	夢			
じ こ 事故 사고	事故			
てん し 天使 천사	天使			
ろん ぶん 論文 논문	論文			
か ぜ 風邪 감기	風邪			
ちょう し 調子 상태	調子			

듣기 연습

A. 다음 내용을 듣고 다나카 씨의 가족 사진을 1, 2, 3, 4 중에서 고르세요. Track 22

1)

2)

3)

4)

정답 (   )

B. 내용을 듣고 그림과 일치하면 ○, 일치하지 않으면 ×를 넣으세요. Track 23

1)

(   )

2)

(   )

3)

(   )

4)

(   )

회화 플러스

1. 일본어를 공부하는 이유

 Track 24

→ どうして 日本語[に ほん ご]を 習[なら]って いるんですか。

왜 일본어를 배웁니까?

예 A　どうして 日本語を 習って いるんですか。　왜 일본어를 배웁니까?

　　B　日本に 留学[りゅうがく]したいからです。　일본에 유학 가고 싶기 때문입니다.

| 아래 낱말을 써서 밑줄 친 부분과 바꿔서 말해 보세요. |

仕事[しごと]で 必要[ひつよう]だからです。　일에 필요하기 때문입니다. |

日本の ドラマが 好[す]きだからです。　일본 드라마를 좋아하기 때문입니다. |

日本の 歌[うた]が 大好[だいす]きだからです。　일본 노래를 너무 좋아하기 때문입니다..

2. 졸업 이후 예정

→ 大学[だいがく]を 卒業[そつぎょう]してから 何[なに]を しますか。

대학을 졸업하고 나서 무엇을 합니까?

예 A　大学を 卒業してから 何を しますか。
　　　대학을 졸업하고 나서 무엇을 합니까?

　　B　日本へ 行[い]って 写真[しゃしん]の 勉強[べんきょう]を しようと 思[おも]います。
　　　일본에 가서 사진 공부를 할 생각입니다.

| 아래 낱말을 써서 밑줄 친 부분과 바꿔서 말해 보세요. |

彼女[かのじょ]と 結婚[けっこん]する 여자 친구와 결혼하다 |

いい 会社[かいしゃ]に 入[はい]る 좋은 회사에 들어가다 | 大学院[だいがくいん]に 入[はい]る 대학원에 들어가다 |

アメリカに 留学[りゅうがく]する 미국에 유학 가다

쉬어가기

● 히나마쓰리

히나마쓰리(ひな祭り)와 히나닌교(ひな人形)

　일본에서는 매년 3월 3일 '히나마쓰리(ひな祭り)'라고 하여 여자아이의 성장을 축하하고 행운을 기원하는 전통 행사가 열립니다. '히나마쓰리'에는 '히나닌교(ひな人形)'라는 인형을 올린 3단이나 5단, 7단으로 된 단을 장식하는데 이것을 '히나단(ひな壇)'이라고 합니다. '히나단'을 장식할 때에는 정해진 순서가 있습니다. 예를 들어 5단으로 장식할 경우에는, 가장 위의 단인 다섯 번째 단에는 '다이리비나(内裏雛, 일본의 천황과 황후를 상징하는 인형)', 그 아래 네 번째 단에는 '산닌칸조(三人官女, 각각 다른 소품을 가지고 있는 세 명의 궁녀)', 세 번째 단에는 '고닌바야시(五人囃子, 악기를 연주하는 다섯 명의 악사)', 두 번째 단에는 '즈이신(随臣, 두 명의 대신)', 첫 번째 단에는 '시초(仕丁, 세 명의 시종)'라는 인형을 장식합니다.

▲ 히나닌교가 장식되어 있는 히나단

히나마쓰리의 음식

히나마쓰리에는 다양한 전통 음식을 즐깁니다. 먼저, '히나아라레(雛あられ)'라는 색색의 과자를 먹으며 1년 동안의 건강을 기원합니다. 그리고 '시로자케(白酒)'라는 백색의 술을 마셔서 아이 몸 속의 나쁜 기운을 물리칩니다. 대합을 넣고 끓인 국도 마시는데, 대합의 껍데기는 대칭이 되지 않으면 딱 맞지 않는데, 이러한 모습으로 인해 '사이가 좋은 부부'를 의미하게 되었다고 합니다. 아이가 평생 한 사람과 백년해로하기를 바라는 마음이 담겨 있는 것이지요. 이 외에도 녹색, 흰색, 분홍색 3단으로 되어 있는, '히시모치(菱餅)'나, 분홍색 떡인 '사쿠라모치(桜餅)' 등을 먹기도 합니다.

▲ 히나아라레

◀ 사쿠라모치

05 ここから どうやって
行けば いいですか。

여기에서 어떻게 가면 됩니까?

포인트 스피치　　Track 25

" S은행이라면 이 근처입니다.

이 길을 곧장 가면 사거리가 나옵니다.

그곳을 왼쪽으로 돌면 공원이 보입니다.

공원을 지나서 조금 걸으면 S은행이 있습니다.

S銀行なら この 近くです。

この 道を まっすぐ 行くと 交差点に 出ます。

そこを 左に 曲がると 公園が 見えます。

公園を すぎて 少し 歩いたら S銀行が あります。 "

Track 26

キム	あの、この 近<ちか>くに ダイスキホテルは ありますか。
清水<しみず>	はい、ダイスキホテルなら この 近くに ありますよ。
キム	ここから どうやって 行<い>けば いいですか。
清水	この 道<みち>を まっすぐ 行くと 交差点<こうさてん>に 出<で>ます。 そこを 右<みぎ>に 曲<ま>がると 左側<ひだりがわ>に あります。
キム	はい?
清水	あそこの 交番<こうばん>、見<み>えますか。
キム	はい、見えます。
清水	もし わからなかったら あの 交番に 行って 聞<き>いて みて くださいい。

近<ちか>く 근처 | ～なら ～라면 | どうやって 어떻게, 어떻게 해서 | 道<みち> 길 | まっすぐ 行<い>くと 곧장 가면 |

交差点<こうさてん>に 出<で>る 사거리가 나오다 | 右<みぎ>に 曲<ま>がる 오른쪽으로 돌다 | 左側<ひだりがわ> 왼쪽 |

交番<こうばん> 파출소 | 見<み>える 보이다 | もし 만약, 혹시 | 聞<き>いて みる 물어보다

문법 포인트

① 가정형 I

い형용사	い → ければ	예 安い → 安ければ
な형용사	だ → ならば	まじめだ → まじめならば
1그룹 동사 (5단동사)	u단 → e단 + ば	会う → 会えば 持つ → 持てば ★ 帰る → 帰れば
2그룹 동사 (상1단동사 하1단동사)	る + れば	見る → 見れば 食べる → 食べれば 教える → 教えれば
3그룹 동사 (カ행변격동사 サ행변격동사)	来る → 来れば する → すれば	来る → 来れば 運動する → 運動すれば

※ ～ば ～ほど　～히면 ~할수록

い형용사 : い 떼고 ければ + ～いほど

　　　　예 背が 高ければ 高いほど 키가 크면 클수록

な형용사 : だ 떼고 ならば + ～なほど

　　　　예 便利ならば 便利なほど 편리하면 편리할수록

동사 :　　e + ば

　　　　예 読めば 読むほど 읽으면 읽을수록

※ 동사 가정형 ば 활용 연습 (해답 77쪽)

의미	동사	가정형	의미	동사	가정형
사다	買う		기다리다	待つ	
쓰다	書く		이야기하다	話す	
읽다	読む		나가다	出る	
보다	見る		하다	する	
놀다	遊ぶ		되다	なる	
걷다	歩く		죽다	死ぬ	
쉬다	休む		찍다	撮る	
먹다	食べる		가르치다	教える	
헤엄치다	泳ぐ		오다	来る	
가다	行く		부르다	呼ぶ	
일하다	働く		마시다	飲む	
자다	寝る		듣다	聞く	
일어나다	起きる		만들다	作る	
만나다	会う		돌아오다(가다)	帰る	
타다	乗る		걸다	かける	
피우다, 빨다	吸う		씻다	洗う	

② 가정형Ⅱ [と·ば·たら·なら]

と	원형접속	この 道を まっすぐ 行くと 公園が 見えます。 冬に なると 寒く なります。 1に 2を 足すと 3に なります。
ば	い형용사 : い → ければ な형용사 : だ → ならば 동사 : u단 → e단 + ば	残業が なければ いいですけど。 人は 親切ならば 親切なほど いいです。 この 本は 読めば 読むほど 悲しいですね。
たら	명사 : N + だったら い형용사 : い → かったら な형용사 : だ → だったら	私だったら そんな 行動なんか しません。 明日 雨が 降ったら 家で 休みたいです。 ★ 電話してみたら イさんは 寝て いました。 　이때 たら는 「~했더니」로 해석한다.
なら	명사 : N + なら い형용사 : 원형 접속 な형용사 : だ → なら	スポーツなら 田中さんです。 頭が 痛いなら この 薬を 飲んだ 方が いいですよ。 交通が 不便なら この マンションは 借りません。

まっすぐ 똑바로 | 冬ふゆ 겨울 | 足たす 더하다 | 親切しんせつだ 친절하다 | 悲かなしい 슬프다 |

~ほど ~할수록, ~정도 | ~なんか ~같은 거, ~따위 | 休やすむ 쉬다 |

頭あたまが 痛いたい 머리가 아프다 | 薬くすりを 飲のむ 약을 먹다 | 交通こうつう 교통 |

不便ふべんだ 불편하다 | マンション 맨션(mansion) | 借かりる 빌리다

③ 〜ば ~(하)면 (가정 조건, 일반적인 법칙, 속담)

郵便局へ 行きたいんですが、

ここから どうやって 行けば いいですか。

値段が 高ければ 買いません。

天気が よければ 行きます。

④ 〜と ~(하)면 (당연한 원리 · 법칙 · 자연현상 · 길 안내)

この 道を 左に 曲がると 右側に 本屋が あります。

この ボタンを 押すと きっぷが 出ます。

3に 5を 足すと 8に なります。

郵便局ゆうびんきょく 우체국 | 値段ねだん 가격, 값 | 左ひだりに 曲まがる 왼쪽으로 돌다 | 本屋ほんや 서점

右側みぎがわ 오른쪽 | ボタンを 押おす 버튼을 누르다 | きっぷ 표

문법 포인트

5 〜たら 〜(하)다면 (확정 조건 + 의지, 희망, 명령, 의뢰형)

値段が 安かったら 買って 来ます。

日本に 行ったら この 歌手の コンサートへ 行って みたいです。

もし 田中さんに 会えなかったら 私に 連絡して ください。

6 見える 보이다

ここから 山が 見えますね。

この 道を 少し 歩くと 病院が 見えます。

本当に 40歳ですか。 若く 見えますね。

コンサート 콘서트(concert) | 連絡れんらく 연락 | 少すこし 조금, 약간 | 歩あるく 걷다 |

本当ほんとうに 정말로 | 〜歳さい 〜세 | 若わかく 見みえる 젊어 보이다, 어려 보이다 (若(わか)い 젊다, 어리다)

※ 동사 가정형 ば 활용 연습 해답

의미	동사	가정형	의미	동사	가정형
사다	買う	買えば	기다리다	待つ	待てば
쓰다	書く	書けば	이야기하다	話す	話せば
읽다	読む	読めば	나가다	出る	出れば
보다	見る	見れば	하다	する	すれば
놀다	遊ぶ	遊べば	되다	なる	なれば
걷다	歩く	歩けば	죽다	死ぬ	死ねば
쉬다	休む	休めば	찍다	撮る	撮れば
먹다	食べる	食べれば	가르치다	教える	教えれば
헤엄치다	泳ぐ	泳げば	오다	来る	来れば
가다	行く	行けば	부르다	呼ぶ	呼べば
일하다	働く	働けば	마시다	飲む	飲めば
자다	寝る	寝れば	듣다	聞く	聞けば
일어나다	起きる	起きれば	만들다	作る	作れば
만나다	会う	会えば	돌아오다(가다)	帰る	帰れば
타다	乗る	乗れば	걸다	かける	かければ
피우다, 빨다	吸う	吸えば	씻다	洗う	洗えば

패턴 연습

1.

보기

便利(べんり)だ

→ 交通(こうつう)は <u>便利ならば 便利なほど</u> いいです。

1)

きれいだ

→ モデルは＿＿＿＿＿＿＿＿＿＿＿＿いいです。

2)

かわいい

→ ワンピースは＿＿＿＿＿＿＿＿＿＿いいです。

3)

読(よ)む

→ この 小説(しょうせつ)は＿＿＿＿＿＿＿＿＿＿＿＿＿

おもしろく なります。

4)

会(あ)う

→ 田中(たなか)さんは＿＿＿＿＿＿＿＿＿＿＿＿＿

好(す)きに なります。

便利べんりだ 편리하다 | モデル 모델(model) | ワンピース 원피스 | 小説しょうせつ 소설

2. 보기

( ) 안에 と·ば·たら·なら 중 하나를 넣어서 문장을 완성하세요.

時間(じかん)が あれ(ば) 演劇(えんげき)を 見(み)ます。

1)

いくら 安(やす)くても 悪(わる)い 製品(せいひん)(　　　　) 買(か)いません。

2)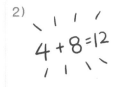

4(よん)に 8(はち)を 足(た)す(　　　　) 12(じゅうに)に なります。

3)

もし 金持(かねも)ちに なっ(　　　　) まず すてきな 車(くるま)が 買(か)いたいです。

4)

ベッドは 楽(らく)なら(　　　　) 楽(らく)なほど いいです。

5)

この デザインが きらいだっ(　　　　) 替(か)えても いいです。

時間(じかん) 시간 | 演劇(えんげき) 연극 | いくら ～ても 아무리 ～해도 | 悪(わる)い 나쁘다 |

製品(せいひん) 제품 | 金持(かねも)ち 부자 | まず 우선, 먼저 | すてきだ 멋지다 | ベッド 침대(bed) |

楽(らく)だ 편안하다 | デザイン 디자인(design) | 嫌(きら)いだ 싫어하다 | 替(か)える 바꾸다

독해·작문

 읽어 봅시다!

 Track 27

高橋さんは私の大学時代の友達です。

高橋さんは私の家の近くに住んでいて、私の家から歩いて5分ぐらいしかかかりません。

私の家のすぐ前に本屋がありますが、本屋を過ぎて少し歩くと右側にスーパーが あります。そのスーパーを右に曲がると左側に高橋さんの家があります。

大学時代だいがくじだい 대학 시절 | 住すむ 살다 | 〜しか 〜밖에 | かかる 걸리다 | すぐ 前まえ 바로 앞 |

過すぎる 지나치다 | スーパー 슈퍼마켓 | 少すこし 歩あるく 조금 걷다 | 右みぎ 오른쪽

 일본어로 써 봅시다!

1. 이 길을 똑바로 가면 백화점이 보입니다.

_____

2. 내일 비가 온다면 놀러가지 않겠습니다.

_____

3. 편의점(コンビニ)이라면 저기에 있습니다.

_____

정답 1. この 道(みち)を まっすぐ 行(い)くと デパートが 見(み)えます。
2. 明日(あした) 雨(あめ)が 降(ふ)ったら 遊(あそ)びに(は) 行(い)きません。
3. コンビニなら あそこに あります。

한자 연습

한자 즐기기

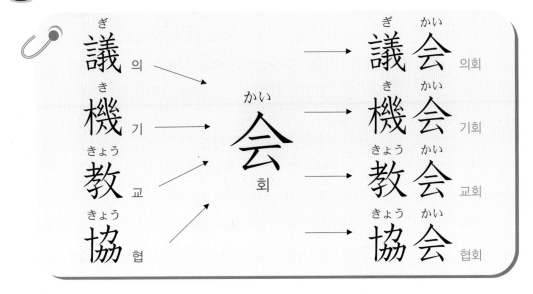

써 봅시다!

道 길	道			
交番 파출소	交番			
連絡 연락	連絡			
本当 정말, 진짜	本当			
交差点 사거리	交差点			
親切 친절	親切			

듣기 연습

A. 여자가 남자에게 학교가 어디에 있는지 묻고 있습니다. 학교는 어디에 있습니까?
🅰, 🅱, 🅲, 🅳 중에 고르세요.

Track 28

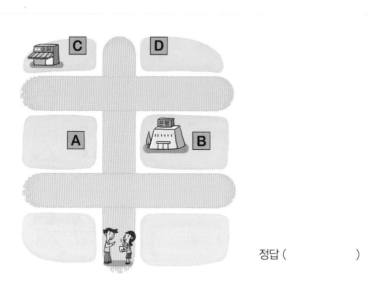

정답 (   )

B. 내용을 듣고 그림과 일치하면 ○, 일치하지 않으면 ×를 넣으세요.

Track 29

1)

(   )

2)

(   )

3)

(   )

4)

(   )

회화 플러스

1. 길 안내 1

 Track 30

➜ ここから どうやって 行けば いいですか。
여기에서 어떻게 가면 됩니까?

例 A ここから どうやって 行けば いいですか。 여기에서 어떻게 가면 됩니까?

B この 道を まっすぐ 行って ください。 銀行の すぐ 前ですよ。
이 길을 곧장 가세요. 은행 바로 앞이에요.

| 아래 낱말을 써서 밑줄 친 부분과 바꿔서 말해 보세요. |

公園こうえん 공원 | 学校がっこう 학교 | デパート 백화점 | 花屋はなや 꽃가게 |

美術館びじゅつかん 미술관 | 交番こうばん 파출소

2. 길 안내 2

➜ スーパーは どこに ありますか。
슈퍼는 어디에 있습니까?

例 A スーパーは どこに ありますか。 슈퍼는 어디에 있습니까?

B あの 本屋を すぎて すぐ 右に 曲がって ください。
もし わからなかったら 電話して ください。
저 책방을 지나서 바로 오른쪽으로 도세요. 만약 모르겠으면 전화해 주세요.

| 아래 낱말을 써서 밑줄 친 부분과 바꿔서 말해 보세요. |

本屋ほんや 서점 | 美術館館びじゅつかん 미술관 | 交番こうばん 파출소 |

右みぎに 曲まがる 오른쪽으로 돌다 | まっすぐ 行いく 곧장 가다 |

左ひだりに 曲まがる 왼쪽으로 돌다

일본의 어린이날

어린이날(子供の日)

일본의 5월 5일 '어린이날(子供の日)'은 '단오절(端午の節句)'로 남자아이의 출생과 성장을 축하하고 출세를 기원하는 날이며, 공휴일로 지정되어 있습니다.

우리나라의 어린이날은 남아, 여아 구분 없이 모든 어린이를 축하하는 날이지만, 일본의 어린이날은 남자아이를 축하하는 날로, 여자아이를 축하하는 날은 3월 3일 '히나마쓰리'입니다.

어린이날에도 다양한 전통 행사가 열립니다. 집 안에는 모형 투구나 갑옷, 무사 인형 등을 장식하는데, '히나마쓰리' 때의 '히나닌교'처럼 단을 만들어 장식하기도 하지만, 대부분은 투구나 활만으로 간소하게 장식합니다.

고이노보리(鯉のぼり)

집 밖에는 긴 장대에 잉어 모양의 깃발을 매달아 장식하는데 이를 '고이노보리(鯉のぼり)'라고 합니다. 잉어 깃발에는 남자아이의 출세를 기원하는 의미가 있는데, 이는 잉어가 황허강(黃河)을 올라가 용문(龍門)에 올라 용이 되었다는 중국의 등용문(登龍門)에서 유래되었다고 합니다.

▲ 투구를 쓴 어린이　　　　▲ 어린이날을 상징하는 고이노보리

가시와모치(柏餠)와 치마키(ちまき)

'어린이날'에는 '가시와모치(柏餠)'나 '치마키(ちまき)'를 먹고는 하는데 '가시와모치'는 떡갈나무 잎으로 싸서 찐 떡으로 '자손 번영'의 의미를 담고 있으며, 띠나 대나무 잎으로 말아서 찐 떡인 '치마키'는 나쁜 기운을 없애는 힘이 있다고 일컬어지고 있습니다. 어느 것이든 '아이를 지키고, 성장을 기원하는 의미'가 담겨 있다고 볼 수 있습니다.

▲ 가시와모치

▲ 치마키

06 ペンを貸して
くれませんか。

펜을 빌려주지 않겠습니까?

" 이것은 남자 친구가 사 준 반지입니다.

이 반지에는 남자 친구와 저의 이니셜이 적혀 있습니다.

우리들은 내년 3월에 결혼할 예정입니다.

これは 彼氏が 買って くれた ゆびわです。

この ゆびわには 彼氏と 私の イニシャルが 入れて あります。

私たちは 来年の 3月に 結婚する 予定です。 "

기본 회화

 Track 32

キム　　　 すみません、何か 書くものを 貸して くれませんか。

清水　　　 ええ、どうぞ。

キム　　　 この 書類を 明日までに 教務課に 提出しなければ

　　　　　 ならないんです。 でも、漢字が よく わからないので、

　　　　　 困ります。 手伝って もらえませんか。

清水　　　 ええ、私が 手伝って あげましょう。

キム　　　 助かります。 これは 何て 書いて ありますか。

清水　　　 これは「現住所」で、今 住んで いる 所と いう 意味です。

何なにか 무엇인가 | 書かくもの 쓸 것 | 貸かす 빌려주다 | 書類しょるい 서류 | 教務課きょうむか 교무과 |

提出ていしゅつ 제출 | 困こまる 곤란하다 | 手伝てつだう 돕다, 거들다 | 助たすかる 도움이 되다 |

何なんて 뭐라고 | ～て 書かいて ある ～라고 쓰여 있다 | 現住所げんじゅうしょ 현주소 | 住すむ 살다 |

所ところ 곳 | 意味いみ 의미, 뜻

문법 포인트

1 やり・もらい 표현

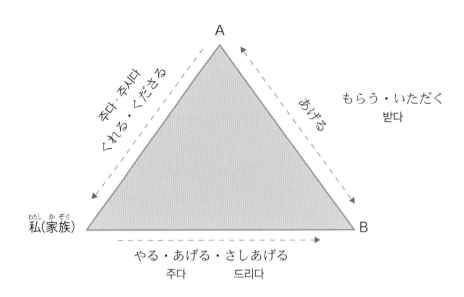

A ① 나(가족) → 상대방 (やる 주다・あげる 주다・さしあげる 드리다)

> 私は 妹に お菓子を やりました。

> 私は 友達に 本を あげました。

> 私は 先生に 花束を さしあげました。

② 상대방 → 나(가족) (くれる 주다・くださる 주시다)

> 友達は 私に かばんを くれました。

> → 私は 友達に かばんを もらいました。

> 吉田先生は 私に 辞書を くださいました。

> → 私は 吉田先生に 辞書を いただきました。

③ 제3자 ⇔ 제3자 (あげる 주다・もらう 받다)

예 キムさんは アヤさんに 人形を あげました。

→ アヤさんは キムさんに 人形を もらいました。

B ~て あげる (~て やる) ~해 주다

예 私は 友達に ペンを 買って あげました。

私は 弟に 本を 読んで やりました。

C ~て くれる ~해 주다 / ~て くださる ~해 주시다 /

~て もらう (~て いただく) ~해 받다

예 パクさんは 私に 傘を 貸して くれました。

→ 私は パクさんに 傘を 貸して もらいました。

母は 私に スカートを 買って くれました。

→ 私は 母に スカートを 買って もらいました。

吉田先生は 私に 日本語を 教えて くださいました。

→ 私は 吉田先生に 日本語を 教えて いただきました。

お菓子かし 과자 | 花束はなたば 꽃다발 | 辞書じしょ 사전 | 人形にんぎょう 인형 | ペン 펜(pen) |

傘かさ 우산 | スカート 치마, 스커트(skirt)

문법 포인트

2 **〜て くれる** (상대방이 나에게) ~해 주다

キムさんが 皿洗いを 手伝って くれました。

私に 日本語で 説明して くれませんか。

これは 木村さんが 買って くれた 時計です。

3 **〜て もらう** ~해 받다. (상대방이 나에게) ~해 주다

私は 青木さんに カメラを 買って もらいました。

私は 友達に 辞書を 貸して もらいました。

4 **〜て あげる** (내가 상대방에게) ~해 주다

私は 青木さんに 傘を 貸して あげました。

私は 友達に プレゼントを 買って あげました。

皿洗さらあらい 설거지 | 時計とけい 시계 | 説明せつめい 설명 | プレゼント 선물(present)

5 자동사 · 타동사의 상태 표현

が + 자동사 + ている	말하는 사람이 눈앞의 상태를 단지 사실 그대로 표현하는 경우 또는 의도성이 없는 경우에 쓰인다. 예 窓が 開いて います。 창이 열려 있습니다.
が + 타동사 + てある	누군가가 무언가를 해 놓은(~ておく) 뒤의 상태에 비중을 두는 경우 또는 인위적인 행위의 결과나 의도성이 있는 경우에 쓰인다. 예 窓が 開けて あります。 (제3의 작용에 의해) 창이 열려 있습니다.

ドアが 開いて います。 문이 열려 있습니다 (상태 1)

ドアが 開けて あります。 (누군가에 의해) 문이 열려 있습니다 (상태 2)

ドアを 開けて います。 문을 열고 있습니다 (현재 진행)

예 家の 前に 車が 止まって います。 (상태 1)

家の 前に 車が 止めて あります。 (상태 2)

財布に お金が 入って います。 (상태 1)

財布に お金が 入れて あります。 (상태 2)

窓まど 창, 창문 | 開あく 열리다(자동사) | 開あける 열다(타동사) | ドア 문(door) | 財布さいふ 지갑 |

入はいる 들어오다, 들어가다(자동사) | 入いれる 넣다(타동사)

6 ～て ある ～해 있다, ～되어 있다

あそこに 店の 名前が 書いて ありますね。

車に オイルが 入れて あります。

部屋に 時計が かけて あります。

[참고] 대표적인 자동사 · 타동사

자동사	타동사	자동사	타동사
開く 열리다	開ける 열다	変わる 바뀌다	変える 바꾸다
閉まる 닫히다	閉める 닫다	上がる 올라가다	上げる 올리다
かかる 걸리다	かける 걸다	始まる 시작되다	始める 시작하다
入る 들어오다(가다)	入れる 넣다	伝わる 전해지다	伝える 전하다
つく 켜지다	つける 켜다	曲がる 굽다, 돌다	曲げる 굽히다
集まる 모이다	集める 모으다	出る 나오다	出す 내다
並ぶ 진열되다	並べる 진열하다	起きる 일어나다	起こす 깨우다
終わる 끝나다	終える 끝내다	落ちる 떨어지다	落とす 떨어뜨리다
止まる 서다	止める 세우다	消える 꺼지다	消す 끄다
決まる 정해지다	決める 정하다	沸く 끓다	沸かす 끓이다

7 　〜までに 〜까지

明日は 7時までに 来なければ なりません。

来週の 火曜日までに 本を 返さなければ なりません。

パーティーを 準備する 人たちは 2時までに 来て ください。

オイル 오일(oil), 기름 | **かける** 걸다 | **返かえす** 반납하다(돌려주다) |

パーティー 파티(party) | **準備じゅんび** 준비

패턴 연습

1. 보기

私(わたし) → 友達(ともだち)

→ 私は 友達に 日本語(にほんご)の 本(ほん)を あげました。

1)

キムさん → 私

→ キムさんは 私に 映画(えいが)の チケットを

_____。

2)

田中(たなか)さん → 田村(たむら)さん

→ 田中さんは 田村さんに プレゼントを

_____。

3)

私 → 社長(しゃちょう)

→ 私は 社長に 会議(かいぎ)の 報告書(ほうこくしょ)を_____。

4)

先生(せんせい) → 私

→ 先生は 私に 辞書(じしょ)を_____。

チケット 티켓(ticket) | 社長しゃちょう 사장 | 会議かいぎ 회의 | 報告書ほうこくしょ 보고서

2.

友達 → 私

友達は 私に お金を 貸して くれました。

→ 私は 友達に お金を 貸して もらいました。

1)

妹 → 私

妹は 部屋の 掃除を 手伝って くれました。

→ 私は 妹に＿＿＿＿＿＿＿＿＿＿＿＿＿＿＿＿＿。

2)

先輩 → 私

先輩は 私に 昔の 写真を 見せて くれました。

→ 私は 先輩に＿＿＿＿＿＿＿＿＿＿＿＿＿＿＿＿＿。

3)

先生 → 私

先生は 私に 日本語を 教えて くださいました。

→ 私は 先生に＿＿＿＿＿＿＿＿＿＿＿＿＿＿＿＿＿。

4)

山田君 → 彼女

山田君は 彼女に 歌を 歌って あげました。

→ 彼女は 山田君に＿＿＿＿＿＿＿＿＿＿＿＿＿＿＿。

掃除そうじ 청소 | 先輩せんぱい 선배 | 昔むかし 옛날 | 写真しゃしん 사진 | 見みせる (남에게) 보이다 |

彼女かのじょ 여자 친구 | 歌うたう 노래하다

패턴 연습

3. [보기]

車が 止まって います。

→ 車が <u>止めて あります</u>。

1)

電気が ついて います。

→ 電気が＿＿＿＿＿＿＿＿＿＿＿＿＿＿＿。

2)

ドアが 閉まって います。

→ ドアが＿＿＿＿＿＿＿＿＿＿＿＿＿＿＿。

3)

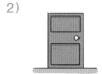

教室の 中に 時計が かかって います。

→ 教室の 中に 時計が＿＿＿＿＿＿＿＿＿＿＿。

4)

店に コップが きれいに 並んで います。

→ 店に コップが きれいに＿＿＿＿＿＿＿＿＿。

止とまる 서다, 멈추다 | 止とめる 세우다 | 電気でんき 전기 | つく 켜지다 | 閉しまる 닫히다 |

教室きょうしつ 교실 | かかる 걸리다 | 店みせ 가게 | コップ 컵(cup) | 並ならぶ 진열되다

읽어 봅시다!

 Track 33

田中君は私が困っている時に一番頼りになる友人です。

この前も私が電車の中にカバンを忘れてしまった時、わざわざ駅まで一緒に行ってくれました。また、保証人がいなくて困っている時も快く保証人を引き受けてくれました。

私はいつか、田中君に恩返しをしようと思っています。

~君くん ~군 | 困こまる 곤란하다 | 頼たよりに なる 의지가 되다 | 忘わすれる 잊다, 잊어버리다 |

わざわざ 일부러 | 保証人ほしょうにん 보증인 | 快こころよい 기분 좋다, 상쾌하다 |

引ひき受うける (책임지고) 맡다 | 恩返おんがえしをする 은혜를 갚음, 보은을 함 | ~と 思おもう ~라고 생각하다

 일본어로 써 봅시다!

1. 나는 친구에게 가방을 사 주었습니다.

_____

2. 선생님은 나에게 사전을 빌려주셨습니다.

_____

3. 집 앞에 차가 세워져 있습니다. (止とめる)

_____

정답 1. 私(わたし)は 友達(ともだち)に かばんを 買(か)って あげました。
2. 先生(せんせい)は 私(わたし)に 辞書(じしょ)を 貸(か)して くださいました。
3. 家(いえ)の 前(まえ)に 車(くるま)が 止(と)めて あります。

한자 연습

한자 즐기기

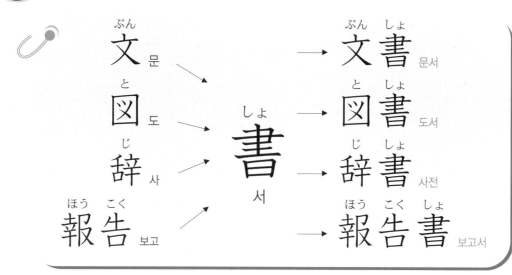

ぶん
文 문
と
図 도
じ
辞 사

ほう こく
報告 보고

しょ
書 서

→ 文書 문서
ぶん しょ

→ 図書 도서
と しょ

→ 辞書 사전
じ しょ

→ 報告書 보고서
ほう こく しょ

써 봅시다!

い み 意味 의미	意味			
はな たば 花束 꽃다발	花束			
せん ぱい 先輩 선배	先輩			
せつ めい 説明 설명	説明			
てい しゅつ 提出 제출	提出			
か し お菓子 과자	お菓子			

듣기 연습

A. 두 사람의 대화를 듣고 내용과 일치하는 것을 1, 2, 3, 4 중에서 고르세요. Track 34

정답 (   )

B. 내용을 듣고 그림과 일치하면 ○, 일치하지 않으면 ×를 넣으세요. Track 35

1)

(   )

2)

(   )

3)

(   )

4)

(   )

회화 플러스

1. 부탁하기

 Track 36

→ 傘^{かさ}を 貸^かして くれませんか。

우산을 빌려주지 않겠습니까?

예 A 傘^{かさ}を 貸^かして くれませんか。（＝傘を 貸して もらえますか。）

우산을 빌려주지 않겠습니까?

B はい、どうぞ。 네, 여기요.

| 아래 낱말을 써서 밑줄 친 부분과 바꿔서 말해 보세요. |

ドアを 開^あける 문을 열다 | 名前^{なまえ}を 書^かく 이름을 쓰다 | 荷物^{にもつ}を 預^{あず}かる 짐을 맡다 |

電話番号^{でんわばんごう}を 教^{おし}える 전화번호를 가르쳐 주다 |

2. 장래 희망

→ あなたの 夢^{ゆめ}は 何^{なん}ですか。

당신의 꿈은 무엇입니까?

예 A あなたの 夢は 何ですか。 당신의 꿈은 무엇입니까?

B 医者^{いしゃ}に なる ことです。 의사가 되는 것입니다.

| 아래 낱말을 써서 밑줄 친 부분과 바꿔서 말해 보세요. |

外交官^{がいこうかん} 외교관 | 警察官^{けいさつかん} 경찰관 | 先生^{せんせい} 선생님 |

大統領^{だいとうりょう} 대통령 | 芸能人^{げいのうじん} 연예인 | 看護師^{かんごし} 간호사 |

サッカー選手^{せんしゅ} 축구 선수 | モデル 모델 | 画家^{がか} 화가 | 社長^{しゃちょう} 사장

● 어머니날

어머니날(母の日)

　일본에서는 5월 둘째 주 일요일을 '어머니날(母の日)'로 정해 어머니께 감사와 축하의 마음을 전합니다. 이날은 미국의 안나 자비스라는 여성이 돌아가신 어머니를 기리며 교회에 카네이션을 장식했다는 일화에서 유래되었다고 합니다.

　대체로 '골든위크(4월 말에서 5월 초에 걸친 일본의 최대 연휴 기간)'가 끝나는 주의 일요일이 되는데, 이 시기가 되면 백화점과 쇼핑몰 등에는 어머니날을 기념하는 이벤트와 선물이 진열됩니다.

　어머니날 선물로는 카네이션과 달콤한 과자 종류(スイーツ), 주방 가전 등을 선호한다고 합니다. 다만, 금기시되는 선물도 있는데 칼이나 가위와 같이 날카롭고 뾰족한 것, 하얀 꽃(죽음을 의미), 하얀 손수건(헤어짐을 의미), 빗(괴로운 죽음을 의미, クシ＝苦死) 등은 피해야 합니다.

　참고로 아버지날(父の日)은 6월 셋째 주 일요일에 축하하는데, 아버지날 선물로는 1위가 맥주, 2위가 일본 술이 차지할 정도로 주류가 대부분을 차지한다고 합니다.

▲ '어머니날' 선물 광고

▲ 감사의 마음을 담은 카네이션

07

<ruby>隣<rt>となり</rt></ruby>の <ruby>人<rt>ひと</rt></ruby>に <ruby>足<rt>あし</rt></ruby>を
<ruby>踏<rt>ふ</rt></ruby>まれました。

옆 사람에게 발을 밟혔습니다.

 Track 37

> 오늘은 학교 시험이 있었습니다.
>
> 나는 100점을 맞아서 선생님에게 칭찬받았습니다.
>
> 역시 밤새워 공부하길 잘했습니다.

<ruby>今日<rt>きょう</rt></ruby>は <ruby>学校<rt>がっこう</rt></ruby>の <ruby>試験<rt>しけん</rt></ruby>が ありました。

<ruby>私<rt>わたし</rt></ruby>は 100<ruby>点<rt>ひゃくてん</rt></ruby>を <ruby>取<rt>と</rt></ruby>って <ruby>先生<rt>せんせい</rt></ruby>に ほめられました。

やっぱり <ruby>徹夜<rt>てつや</rt></ruby>で <ruby>勉強<rt>べんきょう</rt></ruby>して よかったです。

Track 38

キム　　どうしたんですか。顔色が悪いですね。

佐藤　　昨日、ほとんど寝てないんです。

　　　　急に友達に飲み会に誘われて。

キム　　また飲んだんですか。

佐藤　　ええ、飲めないウィスキーは飲まされるし、

　　　　妻には散々文句を言われるし…。

キム　　それはそれは。

佐藤　　これからは誘われてもなるべく早く家に帰る

　　　　ことにします。

どうしたんですか 무슨 일이에요?, 왜 그래요? | 顔色かおいろ 안색 | 急きゅうに 갑자기 |

誘さそわれる 권유받다 | ウィスキー 위스키(whiskey) | 飲のまされる (어쩔 수 없이) 마시다 | 妻つま 아내

散々さんざん 몹시, 호되게 | 文句もんく 불평 | それはそれは 저런 저런 | なるべく 가능한 한

문법 포인트

1 동사의 수동형

1그룹 동사 (5단동사)	u단 → a단 + れる (단, う로 끝나는 동사는 う → わ로 바꾼다)	예 叱る → 叱られる 盗む → 盗まれる 読む → 読まれる ★ 帰る → 帰られる
2그룹 동사 (상1단동사 하1단동사)	る + られる (가능형과 동일)	いる → いられる 見る → 見られる 食べる → 食べられる 教える → 教えられる
3그룹 동사 (カ행 변격동사 サ행 변격동사)	来る ＞来られる (가능형과 동일) する → される	来る → 来られる 招待する → 招待される

① 일반 수동 (〜に〜れる・られる)

田中さんは 先生に ほめられました。

試験の成績が 悪くて 母に 叱られました。

この ビルは 10年前に 建てられました。

② 피해 수동 (迷惑の 受け身)

雨に 降られて セーターと スカートが 濡れました。

赤ちゃんに 泣かれて 一時間も 寝られませんでした。

友達に 来られて 宿題が できませんでした。

ほめる 칭찬하다 ┃ 試験しけん 시험 ┃ 成績せいせき 성적 ┃ 叱しかる 혼내다 ┃ ビル 빌딩(building) ┃

建たてる 세우다 ┃ セーター 스웨터(sweater) ┃ 濡ぬれる 젖다 ┃ 赤あかちゃん 갓난아기 ┃

宿題しゅくだい 숙제

※ 동사의 수동형 활용 연습 (해답 108쪽)

의미	동사	수동형	의미	동사	수동형
밟다	踏む		읽다	読む	
혼내다	叱る		말하다	言う	
집다	取る		보다	見る	
훔치다	盗む		쓰다	書く	
부탁하다	頼む		울다	泣く	
웃다	笑う		죽다	死ぬ	
물다	かむ		찍다	撮る	
칭찬하다	ほめる		가르치다	教える	
세우다	建てる		오다	来る	
지불하다	払う		부르다	呼ぶ	
때리다	なぐる		마시다	飲む	
권유하다	誘う		듣다	聞く	
밀다	押す		만들다	作る	
버리다	捨てる		돌아오다(가다)	帰る	
부수다	壊す		하다	する	
화내다	怒る		나가다	出る	

문법 포인트

2 ほとんど ～ない 거의 ~하지 않다

夕ご飯は ほとんど 食べて ないんです。

単語を 勉強したのに ほとんど 覚えて ないんですね。

会話は ほとんど できないんです。

[참고] 빈도부사

いつも ― よく ― ときどき ― たまに ― ほとんど ― ぜんぜん
언제나, 늘　　자주　　　때때로　　　가끔　　　거의　　　전혀

3 ～ に 夢中だ ～에 열중이다

私は 最近 日本の ドラマに 夢中です。

彼は 最近 アニメに 夢中です。

田中さんは 野球に 夢中ですね。

夕ゆうご飯はん 저녁밥 | 単語たんご 단어 | 覚おぼえる 외우다 | 会話かいわ 회화 | 最近さいきん 최근 |

ドラマ 드라마 | アニメ 애니메이션(animation) | 野球やきゅう 야구

④ ～た(だ)んですか。 ～했습니까? ～했던 겁니까?(그 이유나 사정을 알고 싶다는 표현)

昨日は 何を したんですか。

吉田さんも 行ったんですか。

昼ご飯は 何を 食べたんですか。

⑤ ～ことに する ～하기로 하다 (본인의 주관적인 결정)

体の 調子が 悪くて たばこを やめる ことに しました。

来年の 4月に 日本へ 留学する ことに しました。

[참고] ～ことに なる ～하게 되다(결정된 사항)

例 病気で 会社を やめる ことに なりました。

田中さんが レポートを 発表する ことに なりました。

昼ひるご飯はん 점심밥 | 体からだの 調子ちょうし 컨디션, 몸의 상태 | たばこを やめる 담배를 끊다 |

留学りゅうがく 유학 | 病気びょうき 병 | 会社かいしゃを 辞やめる 회사를 그만두다 | 発表はっぴょう 발표

문법 포인트

※ 동사의 수동형 활용 연습 해답

의미	동사	수동형	의미	동사	수동형
밟다	踏む	踏まれる	읽다	読む	読まれる
혼내다	叱る	叱られる	말하다	言う	言われる
집다	取る	取られる	보다	見る	見られる
훔치다	盗む	盗まれる	쓰다	書く	書かれる
부탁하다	頼む	頼まれる	울다	泣く	泣かれる
웃다	笑う	笑われる	죽다	死ぬ	死なれる
물다	かむ	かまれる	찍다	撮る	撮られる
칭찬하다	ほめる	ほめられる	가르치다	教える	教えられる
세우다	建てる	建てられる	오다	来る	来られる
지불하다	払う	払われる	부르다	呼ぶ	呼ばれる
때리다	なぐる	なぐられる	마시다	飲む	飲まれる
권유하다	誘う	誘われる	듣다	聞く	聞かれる
밀다	押す	押される	만들다	作る	作られる
버리다	捨てる	捨てられる	돌아오다(가다)	帰る	帰られる
부수다	壊す	壊される	하다	する	される
화내다	怒る	怒られる	나가다	出る	出られる

패턴 연습

1.

보기

叱る

→ 母に 叱られました。

---

1) 盗む

→ バスの 中で 財布を＿＿＿＿＿＿＿＿＿＿＿。

---

2) 噛む

→ 犬に 手を＿＿＿＿＿＿＿＿＿＿＿＿＿＿。

---

3) 頼む

→ 上司に 仕事を＿＿＿＿＿＿＿＿＿＿＿。

---

4) 押す

→ バスの 中で 人に＿＿＿＿＿＿＿＿＿＿。

盗ぬすむ 훔치다 | 噛かむ 물다 | 頼たのむ 부탁하다 | 上司じょうし 상사 | 押おす 밀다

패턴 연습

5)

踏^ふむ

→ 道^{みち}で 人^{ひと}に 足^{あし}を＿＿＿＿＿＿＿＿＿＿＿＿＿＿＿。

6)

降^ふる

→ 雨^{あめ}に＿＿＿＿＿＿＿＿＿＿スーツが 濡^ぬれました。

7)

泣^なく

→ 子供^{こども}に＿＿＿＿＿＿＿＿＿一時間^{いちじかん}も 寝^ねられま

せんでした。

足^{あし} 발 | スーツ 양복(suit) | 子供^{こども} 아이

2. 보기

行_{おこな}う

会議_{かいぎ}は 三階_{さんがい}の 会議室_{かいぎしつ}で <u>行う</u> <u>ことに しました</u>。

→ 会議は 三階の 会議室で <u>行う</u> <u>ことに なりました</u>。

---

1)

日本_{にほん}へ 行_いく

来月_{らいげつ} 日本へ ＿＿＿＿＿＿＿＿＿＿＿＿＿＿＿。

→ 来月 日本へ ＿＿＿＿＿＿＿＿＿＿＿＿＿。

2)

ダイエットする

明日_{あした}から ＿＿＿＿＿＿＿＿＿＿＿＿＿＿＿。

→ 明日から ＿＿＿＿＿＿＿＿＿＿＿＿＿。

3)

お酒_{さけ}を やめる

今日_{きょう}から ＿＿＿＿＿＿＿＿＿＿＿＿＿＿＿。

→ 今日から ＿＿＿＿＿＿＿＿＿＿＿＿＿。

ц)

結婚_{けっこん}する

キムさんと 来年_{らいねん} ＿＿＿＿＿＿＿＿＿＿＿＿＿。

→ キムさんと 来年 ＿＿＿＿＿＿＿＿＿＿＿＿＿。

三階さんがい 3층 | 会議室かいぎしつ 회의실 | 行おこなう 행하다, 실시하다 | 来月らいげつ 다음 달 |

ダイエット 다이어트(diet) | お酒さけを やめる 술을 끊다

독해·작문

 읽어 봅시다!

 Track 39

私わたしは子供こどもの時ときから、叱しかられてばかりいました。

特とくに小学生しょうがくせいの時ときには、よく廊下ろうかに立たたされました。

好奇心こうきしんが強つよいせいか、じっとしていられない性格せいかくのようです。

そのせいか、父ちちからはいつも注意ちゅういするように強つよく言いわれていました。

でも、大人おとなになってみると、今いまはいい思おもい出でになっています。

~てばかりいる ~하고만 있다 | 特とくに 특히 | 小学生しょうがくせい 초등학생 | よく 자주, 잘 |

廊下ろうか 복도 | 立たたされる 세워지다(立たつ의 사역수동형) | 好奇心こうきしん 호기심 |

~せい ~탓, 때문 | ~か ~인지 | じっと 가만히, 잠자코 | 注意ちゅうい 주의 | ~ように ~하도록 |

大人おとな 어른 | 思おもい出で 추억

 일본어로 써 봅시다!

1. 버스 안에서 옆 사람에게 발을 밟혔습니다.

---

2. 오늘 선생님께 칭찬받았습니다.

---

3. 내일부터 아침 일찍 일어나도록 하겠습니다.

정답 1. バスの中(なか)で隣(となり)の人(ひと)に足(あし)を踏(ふ)まれました。
2. 今日(きょう)先生(せんせい)に褒(ほ)められました。
3. 明日(あした)から朝(あさ)早(はや)く起(お)きるように します。

한자 연습

한자 즐기기

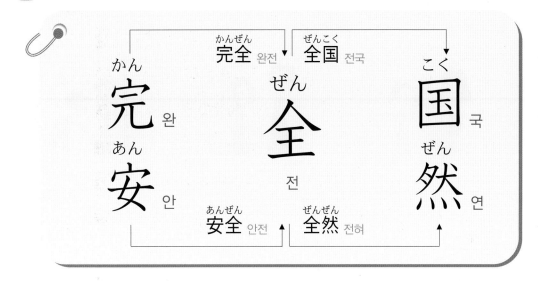

써 봅시다!

かお いろ **顔色** 안색	顔色			
びょう き **病気** 병	病気			
もん く **文句** 불평	文句			
たん ご **単語** 단어	単語			
ろう か **廊下** 복도	廊下			
ちゅう い **注意** 주의	注意			

듣기 연습

A. 남자가 여자에게 어제 일에 대해서 이야기하고 있습니다. 어제 일어난 일의 순서대로 번호를 나열하세요. 🔴 Track 40

정답 (   ) — (   ) — (   )

B. 내용을 듣고 그림과 일치하면 ○ , 일치하지 않으면 ×를 넣으세요.  Track 41

1)

(   )

2)

(   )

3)

(   )

4)

(   )

회화 플러스

1. 전공

 Track 42

→ **専攻^{せんこう}は 何^{なん}ですか。**

전공은 무엇입니까?

예 A　専攻は 何ですか。 전공은 무엇입니까?

　　B　<u>コンピューター</u>です。 컴퓨터입니다.

| 아래 낱말을 써서 밑줄 친 부분과 바꿔서 말해 보세요. |

経営けいえい 경영 | **経済**けいざい 경제 | **建築**けんちく 건축 | **美術**びじゅつ 미술 | **医学**いがく 의학 |

歴史れきし 역사 | **英語**えいご 영어 | **ピアノ** 피아노 | **機械**きかい 기계

2. 경험 1

→ **初恋^{はつこい}は いつでしたか。**

첫사랑은 언제였습니까?

예 A　初恋は いつでしたか。 첫사랑은 언제였습니까?

　　B　<u>高校^{こうこう} 3年生^{さんねんせい}</u>の 時^{とき}でした。 고등학교 3학년 때였습니다.

| 아래 낱말을 써서 밑줄 친 부분과 바꿔서 말해 보세요. |

大学だいがく **1年生**いちねんせい 대학교 1학년 | **中学**ちゅうがく **2年生**にねんせい 중학교 2학년

● 다나바타

　일본의 칠석인 '다나바타(七夕)'는 견우와 직녀가 일 년에 한 번 만난다는 중국의 전설과, 일본의 전통 신앙이 합쳐진 명절입니다. '다나바타'를 기념하는 연례 행사는 보통 7월 7일에 열립니다.

　'다나바타' 날에는 견우와 직녀가 해후를 한 다음 하늘로 올라갈 때, 액운을 가져가라는 의미에서 대나무를 세우는 풍습이 있습니다. 이때 세우는 대나무를 '사사타케(笹竹)'라고 하는데 사람들은 자신의 소망이나 의미 있는 문구 등을 색지에 써서 '사사타케'에 매달고 행사가 끝난 다음날 대나무째로 강이나 바다에 떠내려 보냅니다.

'다나바타'의 대표 음식

　'다나바타'의 대표 음식으로는 '소면(そうめん)'이 있습니다. 예부터 '다나바타'에는 사쿠베이(策餅)라는 것을 즐겨 먹었는데 시대를 거치면서 소면으로 바뀌었다고 합니다. 소면을 먹게 된 유래와 관련해서는 '소면이 견우와 직녀가 건너는 은하수와 닮았다는 설', '직녀가 짜는 실에 비유해서 소면을 먹기 시작했다는 재미있는 설' 등 여러 가지 재미있는 설이 있습니다.

▲ 사사타케에 매달린 소원 종이들

▲ 색색의 소원 종이들

'다나바타' 축제

'다나바타'에는 전국에서 '다나바타 축제(七夕祭り)'가 열립니다. '다나바타 축제' 중에서 가장 유명한 것은 센다이의 다나바타 축제입니다. 센다이 다나바타 축제는 8월 6일부터 8일에 걸쳐 열리는데, 행사 기간 중에는 센다이 시내 중심부와 주변 상점가는 물론 거리 전체가 축제 장식으로 가득합니다. 이 기간이 되면 매년 200만 명이 넘는 관광객이 축제에 참석한다고 합니다.

▲ 거리를 수놓은 축제 장식

▲ 다나바타 기간의 센다이 거리

08

<ruby>漢字<rt>かんじ</rt></ruby>を <ruby>書<rt>か</rt></ruby>かせたり <ruby>例文<rt>れいぶん</rt></ruby>を <ruby>覚<rt>おぼ</rt></ruby>えさせたり します。

한자를 쓰게 하기도 하고 예문을 외우게 하기도 합니다.

포인트 스피치   🎵 Track 43

" 어릴 때, 나는 엄마로 인해 피아노 교실을 (억지로) 다녔습니다.

일주일에 두 번이었는데, 선생님이 엄격해서 가고 싶지 않았습니다.

하지만 지금 생각해 보면 배우길 잘했다고 생각합니다.

<ruby>子供<rt>こども</rt></ruby>の <ruby>時<rt>とき</rt></ruby>、<ruby>私<rt>わたし</rt></ruby>は <ruby>母<rt>はは</rt></ruby>に ピアノ <ruby>教室<rt>きょうしつ</rt></ruby>に <ruby>通<rt>かよ</rt></ruby>わされました。

<ruby>週<rt>しゅう</rt></ruby>に ２<ruby>回<rt>かい</rt></ruby>でしたが、<ruby>先生<rt>せんせい</rt></ruby>が <ruby>厳<rt>きび</rt></ruby>しくて <ruby>行<rt>い</rt></ruby>きたく なかったです。

でも、<ruby>今<rt>いま</rt></ruby> <ruby>思<rt>おも</rt></ruby>えば <ruby>習<rt>なら</rt></ruby>って よかったと <ruby>思<rt>おも</rt></ruby>います。"

Track 44

キム　隼人^{はやと}さんは 学校^{がっこう}で 日本語^{にほんご}を 教^{おし}えて いるんでしょう。

学生^{がくせい}たちに どう 教^{おし}えて いますか。

隼人^{はやと}　毎日^{まいにち} ノートに 漢字^{かんじ}を 書^かかせたり 例文^{れいぶん}を 覚^{おぼ}えさせたり

して います。

キム　私^{わたし}は 先生^{せんせい}に 毎日^{まいにち} 本文^{ほんぶん}を 読^よませられて 大変^{たいへん}です。

本文^{ほんぶん}が 読^よめない 時^{とき}は ^は恥ずかしくて 恥ずかしくて。

隼人^{はやと}　私^{わたし}も 最初^{さいしょ} 韓国語^{かんこくご}を 習^{なら}う 時^{とき}、ハングルが 書^かけなくて

先生^{せんせい}に もっと 勉強^{べんきょう}して こいと 言^いわれて 苦労^{くろう}しました。

キム　外国語^{がいこくご}を 習^{なら}うのは 大変^{たいへん}ですね。

~でしょう ~하죠, ~겠죠 | 例文れいぶん 예문 | 本文ほんぶん 본문 | 恥はずかしい 부끄럽다, 창피하다 |

習ならう 배우다 | ハングル 한글 | もっと 더, 좀 더 | こい 와라(来る의 명령형) | 苦労くろう 고생 |

外国語がいこくご 외국어

① 동사의 사역(使役) · 사역수동(使役受身)

	사역형	사역수동형
1그룹 동사 (5단동사)	u단 → a단 + せる (＝ u → a + す) ★ 〜う로 끝나는 동사 → わせる 예 飲む → 飲ませる 待つ → 待たせる 歌う → 歌わせる	u단 → a단 + せられる (사역형 → 수동형) ★ 〜う로 끝나는 동사 → 〜わせられる 예 飲む → 飲ませられる (＝飲まされる) 待つ → 待たせられる (＝待たされる) 歌う → 歌わせられる (＝歌わされる)
2그룹 동사 (상1단동사 하1단동사)	る + させる 예 食べる → 食べさせる 覚える → 覚えさせる	る + させられる (사역형 → 수동형) 예 食べる → 食べさせられる 覚える → 覚えさせられる
3그룹 동사 (カ행변격동사 サ행변격동사)	来る → 来させる する → させる 예 来させる 掃除させる	来る → 来させられる する → させられる 예 来させられる 掃除させられる

※ 사역 · 사역수동 활용 연습 (해답 125쪽)

의미	동사	사역형	사역수동형
듣다	聞^きく		
읽다	読^よむ		
쓰다	書^かく		
마시다	飲^のむ		
노래하다	歌^{うた}う		
보다	見^みる		
하다	する		
가르치다	教^{おし}える		
일하다	働^{はたら}く		
가다	行^いく		
울다	泣^なく		
오다	来^くる		
기다리다	待^まつ		
사다	買^かう		
돌아오다(가다)	★ 帰^{かえ}る		
외우다, 기억하다	覚^{おぼ}える		

① 사역형 (~하게 하다)

<ruby>学生<rt>がくせい</rt></ruby>に <ruby>日記<rt>にっき</rt></ruby>を <ruby>書<rt>か</rt></ruby>かせました。

<ruby>母<rt>はは</rt></ruby>は <ruby>私<rt>わたし</rt></ruby>に <ruby>毎日<rt>まいにち</rt></ruby> <ruby>五<rt>いつ</rt></ruby>つずつ <ruby>漢字<rt>かんじ</rt></ruby>を <ruby>覚<rt>おぼ</rt></ruby>えさせます。

<ruby>父<rt>ちち</rt></ruby>は <ruby>妹<rt>いもうと</rt></ruby>に <ruby>部屋<rt>へや</rt></ruby>の <ruby>掃除<rt>そうじ</rt></ruby>を させました。

② 사역수동형 (어쩔수 없이(억지로) ~하다)

<ruby>授業中<rt>じゅぎょうちゅう</rt></ruby>に <ruby>英語<rt>えいご</rt></ruby>で <ruby>発表<rt>はっぴょう</rt></ruby>させられました。

<ruby>先輩<rt>せんぱい</rt></ruby>に お<ruby>酒<rt>さけ</rt></ruby>を <ruby>飲<rt>の</rt></ruby>ませられました。

<ruby>駅<rt>えき</rt></ruby>まで <ruby>傘<rt>かさ</rt></ruby>を <ruby>持<rt>も</rt></ruby>って <ruby>来<rt>こ</rt></ruby>させられました。

2 동사의 명령형

1그룹 동사 (5단동사)	u단 → e단	예 行<rt>い</rt>く → 行け 飲<rt>の</rt>む → 飲め がんばる → がんばれ ★ 帰<rt>かえ</rt>る → 帰れ
2그룹 동사 (상1단동사 하1단동사)	る + ろ	起<rt>お</rt>きる → 起きろ 食<rt>た</rt>べる → 食べろ
3그룹 동사 (カ행변격동사 サ행변격동사)	来る → こい する → しろ	来る → こい 勉強<rt>べんきょう</rt>する → 勉強しろ

<ruby>家<rt>いえ</rt></ruby>に <ruby>帰<rt>かえ</rt></ruby>れ。　　　　　<ruby>早<rt>はや</rt></ruby>く <ruby>起<rt>お</rt></ruby>きろ。

ちゃんと <ruby>勉強<rt>べんきょう</rt></ruby>しろ。　　　<ruby>明日<rt>あした</rt></ruby>は <ruby>7時<rt>しちじ</rt></ruby>までに こい。

<ruby>日記<rt>にっき</rt></ruby> 일기 | ～ずつ ～씩 | <ruby>漢字<rt>かんじ</rt></ruby> 한자 | ちゃんと 제대로, 확실히

❸ ～でしょう ～이죠?(확인), ～이겠죠

キムさんの 彼氏は 日本人でしょう。(↗)

明日から 冬休みでしょう。(↗)

部長は 出張中でしょう。(↗)

> [참고] ～でしょう ～이겠죠?(추측)
>
> 예 明日は たぶん いい 天気でしょう。(↘)
>
> 山田さんは すぐ 来るでしょう。(↘)

❹ ～時 ～때

日本へ 行く 時、プレゼントを 買って きます。

忙しい 時は 残業を したり します。

子供の 時、私の 夢は 大統領でした。

冬休ふゆやすみ 겨울 방학, 겨울 휴가 | 出張中しゅっちょうちゅう 출장 중 | 大統領だいとうりょう 대통령

문법 포인트

[참고] 사역 · 사역수동 비교

①

皿を 洗わせる

②

皿を 洗わせられる

③

立たせる

④

立たせられる

⑤

掃除させる

⑥

掃除させられる

⑦

教材を 買わせる

⑧

教材を 買わせられる

⑨

食べさせる

⑩

食べさせられる

※ 사역 · 사역수동 활용 연습 해답

의미	동사	사역형	사역수동형
듣다	聞^きく	聞かせる	聞かせられる
읽다	読^よむ	読ませる	読ませられる
쓰다	書^かく	書かせる	書かせられる
마시다	飲^のむ	飲ませる	飲ませられる
노래하다	歌^{うた}う	歌わせる	歌わせられる
보다	見^みる	見させる	見させられる
하다	する	させる	させられる
가르치다	教^{おし}える	教えさせる	教えさせられる
일하다	働^{はたら}く	働かせる	働かせられる
가다	行^いく	行かせる	行かせられる
울다	泣^なく	泣かせる	泣かせられる
오다	来^くる	来^こさせる	来^こさせられる
기다리다	待^まつ	待たせる	待たせられる
사다	買^かう	買わせる	買わせられる
돌아오다(가다)	★ 帰^{かえ}る	★ 帰らせる	★ 帰らせられる
외우다, 기억하다	覚^{おぼ}える	覚えさせる	覚えさせられる

패턴 연습

1. 보기

<ruby>掃除<rt>そう じ</rt></ruby>を する

<ruby>先生<rt>せんせい</rt></ruby>は <ruby>私<rt>わたし</rt></ruby>に トイレの <ruby>掃除<rt>そう じ</rt></ruby>を <u>させました</u>。

→ 私は 先生に トイレの <u>掃除を させられました</u>。

1) <ruby>日記<rt>にっ き</rt></ruby>を <ruby>書<rt>か</rt></ruby>く

<ruby>母<rt>はは</rt></ruby>は 私に <ruby>毎日<rt>まいにち</rt></ruby>_____。

→ 私は 母に 毎日_____。

2) <ruby>残業<rt>ざんぎょう</rt></ruby>を する

<ruby>上司<rt>じょう し</rt></ruby>は 私に_____。

→ 私は 上司に_____。

3) <ruby>走<rt>はし</rt></ruby>る

先生は 私に <ruby>運動場<rt>うんどうじょう</rt></ruby>を_____。

→ 私は 先生に 運動場を_____。

4) <ruby>泣<rt>な</rt></ruby>く

<ruby>吉田<rt>よし だ</rt></ruby>さんは <ruby>田中<rt>た なか</rt></ruby>さんを_____。

→ 田中さんは 吉田さんに_____。

トイレ 화장실 | 上司じょうし 상사 | 運動場うんどうじょう 운동장

126

2. 보기

走_{はし}る
→ 遅刻_{ちこく}した 人_{ひと}は <u>走れ</u>。

1)

起_おきる
→ もう 8時_{はちじ}だ！ 早_{はや}く＿＿＿＿＿＿＿＿＿＿＿＿＿＿。

2)

書_かく
→ ここに 名前_{なまえ}を＿＿＿＿＿＿＿＿＿＿＿＿＿＿。

3)

止_とまる
→ ここでは 必_{かなら}ず＿＿＿＿＿＿＿＿＿＿＿＿＿＿。

4)

出_だす
→ レポートを＿＿＿＿＿＿＿＿＿＿＿＿＿＿＿＿。

 遅刻_{ちこく} 지각 | 止_とまる 멈추다 | 必_{かなら}ず 반드시 | レポートを 出_だす 리포트를 내다

독해·작문

 읽어 봅시다!

 Track 45

ちい とき はは しゅう じ なら
小さい時、母に習字を習わせられました。私は習字は大嫌いでした
わたし だいきら
が、週に2回、習字教室に通わせられました。
しゅう に かい きょうしつ かよ

習字教室のある火曜日と木曜日は友達と遊べなくて本当に嫌でした。
か ようび もくようび ともだち あそ ほんとう いや

でも、今振り返ってみると大変役に立っています。字がとても
いま ふ かえ たいへんやく た じ

きれいだとみんなからほめられます。

習字しゅうじ 서예, 습자 | 習ならわせられる (어쩔 수 없이) 배우다 | 大嫌だいきらいだ 매우 싫어하다 |

週しゅうに 2回にかい 일주일에 두 번 | 通かよわせられる (어쩔 수 없이) 다니다 | 遊あそべる 놀 수 있다 |

嫌いやだ 싫다 | 振ふり返かえってみる 돌아보다 | 役やくに立たつ 도움이 되다 | 字じ 글자 |

 일본어로 써 봅시다!

1. 엄마는 나에게 방 청소를 시켰습니다.

_____

2. 매일 한자를 (어쩔 수 없이) 외웁니다.

_____

3. 아침 일찍 일어나!

_____

3. 朝(あさ)早(はや)く 起(お)きろ。
2. 毎日(まいにち) 漢字(かんじ)を 覚(おぼ)えさせられます。
정답 1. 母(はは)は 私(わたし)に 部屋(へや)の 掃除(そうじ)を させました。

128

한자 연습

한자 즐기기

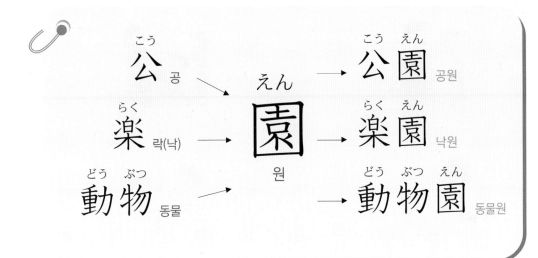

こう
公 공

らく
楽 락(낙)

どう ぶつ
動物 동물

えん
園
원

こう えん
公園 공원

らく えん
楽園 낙원

どう ぶつ えん
動物園 동물원

써 봅시다!

にっ き 日記 일기	日記			
そう じ 掃除 청소	掃除			
はっ ぴょう 発表 발표	発表			
れい ぶん 例文 예문	例文			
うん どう じょう 運動場 운동장	運動場			
がい こく ご 外国語 외국어	外国語			

듣기 연습

A. 다음 내용을 듣고 무엇에 대해 설명하는지 정답을 고르세요.   Track 46

1)

2)

3)

4)

정답 (   )

B. 내용을 듣고 그림과 일치하면 ○, 일치하지 않으면 ×를 넣으세요.   Track 47

1)

(   )

2)

(   )

3)

(   )

4)

(   )

회화 플러스

1. 최신 유행

→ **最近 どんな スタイルが はやって いますか。**
さいきん

요즘 어떤 스타일이 유행하고 있습니까?

예 **A** 最近 どんな <u>スタイル</u>が はやって いますか。

요즘 어떤 스타일이 유행하고 있습니까?

B <u>ミニスカート</u>が はやって います。 미니스커트가 유행하고 있습니다.

| 아래 낱말을 써서 밑줄 친 부분과 바꿔서 말해 보세요. |

デザイン 디자인 | 映画えいが 영화 | ヘアスタイル 헤어스타일 | アクセサリー 액세서리 |

花はなの 模様もよう 꽃 무늬 | アクション映画えいが 액션영화 | ロングヘア 롱 헤어 |

カチューシャ 머리띠

2. 공부 방법

→ **学校で 日本語を どう 教えて いますか。**
がっこう　　にほんご　　　　おし

학교에서 일본어를 어떻게 가르치고 있습니까?

예 **A** 学校で 日本語を どう 教えて いますか。
がっこう　　にほんご　　　　　おし

학교에서 일본어를 어떻게 가르치고 있습니까?

B 毎日 <u>漢字の テストを 行います</u>。
まいにち かんじ　　　　　　　おこな

매일 한자 테스트를 실시합니다.

| 아래 낱말을 써서 밑줄 친 부분과 바꿔서 말해 보세요. |

例文れいぶんを 覚おぼえさせる 예문을 외우게 하다 | 漢字かんじを 書かかせる 한자를 쓰게 하다 |

文章ぶんしょうを 暗記あんきさせる 문장을 암기시키다 | ニュースを 聞きかせる 뉴스를 듣게 하다 |

会話かいわの 表現ひょうげんを 覚おぼえさせる 회화 표현을 외우게 하다

쉬어가기

- ### 불꽃 축제

  일본 여름의 풍물시

  일본에서는 전국적으로 많은 '불꽃 축제(花火大会)'가 열립니다. 주로 여름철에 많이 열리는데 많은 사람들이 유카타를 입고 강가나 바닷가에서 시원하게 축제를 즐기는 모습을 쉽게 볼 수 있습니다.

  일본에서 불꽃 축제를 '花火大会' 즉, '불꽃대회'라고 칭하는 이유는 전국적으로 경쟁을 하듯 불꽃 축제가 열리기 때문이라는 이야기가 있습니다. 인터넷을 잠깐만 찾아보면 전국의 불꽃 축제 일정이 정리되어 있습니다. 또한 그해에 열린 불꽃 축제를 대상으로 '쏘아올린 불꽃의 수 랭킹', '가고 싶은 불꽃 축제 랭킹' 등 다양한 종류로 순위를 매긴 것을 볼 수 있습니다. 여름에 일본 여행을 계획하고 있다면 한번쯤 들러 일본의 여름을 만끽하는 것도 좋겠죠. 불꽃 축제 랭킹과 일정이 정리되어 있는 사이드를 통해 어떤 불꽃 축제 등이 있나 둘러보는 것도 좋겠습니다.

  → https://hanabi.walkerplus.com

▲ 일본 여름의 풍물시

▲ 일본의 불꽃 축제

도쿄의 대표 불꽃 축제 – 스미다가와 불꽃 축제

전국적으로 200여 곳에서 열리는 불꽃 축제 중에서도 손꼽히는 것이 도쿄도 아사쿠사 근처의 스미다가와(隅田川)에서 열리는 '스미다가와 불꽃 축제'입니다. 7월 마지막 주에 열리는 이 불꽃 축제는 관동 지역에서 최고의 불꽃 축제로 꼽히는 오랜 전통의 불꽃 축제입니다. 22,000여 발의 불꽃이 사용되는 이 축제는 각양각색의 화려한 불꽃뿐만 아니라 캐릭터 모양이나 한자 모양의 특이한 모양의 불꽃이 쏘아 올려지는 것으로도 유명합니다. 불꽃 축제의 일정은 우천시 취소가 되거나 연기가 되는 경우가 많으므로 불꽃 축제에 참석할 예정이 있다면 날씨와 날짜를 확인하는 것이 좋습니다.

▲ 밤하늘을 수놓는 불꽃들

▲ 스미다가와 불꽃 축제

09

少々 お待ちください。

<ruby>少々<rt>しょうしょう</rt></ruby> お<ruby>待<rt>ま</rt></ruby>ちください。

잠시만 기다려 주십시오.

포인트 스피치　　🎵 Track 49

" 어서 오세요.

차를 내 올 테니 잠시만 기다려 주세요.

입에 맞을지 어떨지 모르겠습니다만, 어서 드세요.

いらっしゃいませ。

お<ruby>茶<rt>ちゃ</rt></ruby>を <ruby>入<rt>い</rt></ruby>れますから、<ruby>少々<rt>しょうしょう</rt></ruby> お<ruby>待<rt>ま</rt></ruby>ちください。

お<ruby>口<rt>くち</rt></ruby>に <ruby>合<rt>あ</rt></ruby>うか どうか わかりませんが、

どうぞ <ruby>召<rt>め</rt></ruby>し<ruby>上<rt>あ</rt></ruby>がって ください。"

기본 회화

 Track 50

職員^{しょくいん}	はい、ダイスキホテルで ございます。
木村	中山商事^{なかやましょうじ}の 木村^{きむら}ですが、部屋^{へや}の 予約^{よやく}を したいんです。
職員	いつからの お泊^とまりで いらっしゃいますか。
木村	1月30日^{いちがつさんじゅうにち}から 3泊^{さんぱく}で、ツインを お願^{ねが}いします。
職員	少々^{しょうしょう} お待^まちください。
職員	お待^またせいたしました。中山商事の 木村様^{さま}、 1月30日から3泊、ツインルームで 承^{うけたまわ}りました。
木村	当日^{とうじつ}は チェックインが 夜10時^{よるじゅうじ}を 回^{まわ}ると 思^{おも}うんですが。
職員	かしこまりました。

商事^{しょうじ} 상사, 상업에 관한 일 | 予約^{よやく} 예약 | 泊^とまる 숙박하다, 머물다 | 少々^{しょうしょう}お待^まちください。 잠시만 기다려 주십시오 | お待^またせいたしました 기다리시게 해서 죄송합니다 |
ツインルーム 트윈룸(twin room) | 承^{うけたまわ}る 듣다, 전해 듣다 | 当日^{とうじつ} 당일 | チェックイン 체크인
(check-in) | 回^{まわ}る 돌다, (시간이) 지나다 | かしこまりました 알겠습니다(주로 손님, 상사에게 씀)

1 특별 존경어 · 겸양어

기본형	존경어	겸양어
いる	いらっしゃる 계시다, 가시다, 오시다	おる 있다
行く		参る 가다, 오다
来る		
飲む	召し上がる 드시다	いただく 마시다, 먹다
食べる		
知る	ご存じだ 아시다	存じる 알다
見る	ご覧になる 보시다	拝見する 보다
する	なさる 하시다	いたす 하다
言う	おっしゃる 말씀하시다	申す・申し上げる 말씀드리다
会う	お会いになる 만나시다	お目にかかる 뵙다
聞く	お聞きになる 물으시다	伺う 여쭙다
訪ねる		伺う 찾아뵙다
くれる	くださる 주시다	
あげる		さしあげる 드리다
ある		ござる 있다

[참고] 특별 존경어의 ます형

いらっしゃる → いらっしゃいます(○)　いらっしゃります(×)

なさる　　　 → なさいます(○)　　　なさります(×)

おっしゃる　 → おっしゃいます(○)　おっしゃります(×)

くださる　　 → くださいます(○)　　くださります(×)

ござる　　　 → ございます(○)　　　ござります(×)

私は キムと 申しますが、佐藤さん いらっしゃいますか。(いる)

日本へ いらっしゃった ことが ありますか。(行く)

いつ 日本から いらっしゃいましたか。(来る)

グラフを ご覧ください。

お飲み物は 何に なさいますか。

どうぞ よろしく お願いいたします。

お口に 合うか どうか わかりませんが、どうぞ 召し上がって ください。

~と申もうします ~라고 합니다 | グラフ 그래프(graph) | お飲のみ物もの 음료, 마실 것 |

~に なさいますか ~로 하시겠습니까? | 口くち 입 | ~か どうか わかりません ~인지 어떤지 모릅니다 |

召めし上あがる 드시다 (→ 食(た)べる의 존경어)

2 ～で いらっしゃいますか ～이십니까? (존경)

　　～で ございます ～입니다 (겸양)

① A　キムさんは 会社員^{かいしゃいん}で いらっしゃいますか。

　　B　はい、 会社員で ございます。

② A　失礼^{しつれい}ですが、日本人^{にほんじん}で いらっしゃいますか。

　　B　はい、 日本人で ございます。

3 ご + 한자어(동작성 명사)

ご利用^{りよう}、ありがとうございます。

ご注文^{ちゅうもん}は？

ご連絡^{れんらく}ください。

失礼しつれい 실례 ｜ 利用りよう 이용 ｜ 注文ちゅうもん 주문

[참고] 많이 쓰이는 접두어 お・ご 의 예

① 「ご」한자어 접속

ご<ruby>利用<rt>りよう</rt></ruby> 이용　　　　ご<ruby>連絡<rt>れんらく</rt></ruby> 연락　　　　ご<ruby>両親<rt>りょうしん</rt></ruby> 부모

ご<ruby>案内<rt>あんない</rt></ruby> 안내　　　　ご<ruby>注意<rt>ちゅうい</rt></ruby> 주의　　　　ご<ruby>住所<rt>じゅうしょ</rt></ruby> 주소

② 「お」순수 일본어 접속

お<ruby>父<rt>とう</rt></ruby>さん 아버지　　　お<ruby>母<rt>かあ</rt></ruby>さん 어머니　　　お<ruby>祈<rt>いの</rt></ruby>り 기도

お<ruby>金<rt>かね</rt></ruby> 돈　　　　　　お<ruby>祝<rt>いわ</rt></ruby>い 축하　　　　お<ruby>友達<rt>ともだち</rt></ruby> 친구

③ 미화어

お<ruby>金<rt>かね</rt></ruby> 돈　　　　　　お<ruby>寿司<rt>すし</rt></ruby> 초밥　　　　ご<ruby>飯<rt>はん</rt></ruby> 밥

④ 존경

お<ruby>名前<rt>なまえ</rt></ruby> 이름, 성함　　お<ruby>宅<rt>たく</rt></ruby> 댁　　　　　お<ruby>元気<rt>げんき</rt></ruby> 건강, 잘 있음

⑤ 접두어 예외

お<ruby>電話<rt>でんわ</rt></ruby> 전화　　　　お<ruby>正月<rt>しょうがつ</rt></ruby> 정월　　　お<ruby>誕生日<rt>たんじょうび</rt></ruby> 생일

패턴 연습

1. 보기

   いつ 韓国へ 来ましたか。 → いらっしゃいましたか。

   1) アメリカで 何を しますか。 → _____。
   2) 日本で 何を 食べますか。 → _____。
   3) 東京で 何を 見ましたか。 → _____。

2. 보기

   A お名前は 何ですか。

   B キムと 言います。 → 申します。

   1) 私は 学校で 日本語を 勉強して います。

      → _____。

   2) すみません。 すぐ 行きます。

      → _____。

   3) 郵便局の 前で 先生に 会いました。

      → _____。

アメリカ 미국(America) | お名前なまえ 이름, 성함 | すぐ 곧, 바로 | 郵便局ゆうびんきょく 우체국

읽어 봅시다!　　　　　　　　　　　　　　　　　Track 51

昨日（きのう）ははじめて先生（せんせい）のお宅（たく）にお邪魔（じゃま）しました。
写真（しゃしん）で見（み）るより奥様（おくさま）はずっときれいな方（かた）でした。手料理（てりょうり）も大変（たいへん）おいしく、はじめて日本（にほん）の家庭料理（かていりょうり）を食（た）べることができました。
私（わたし）はお酒（さけ）が飲（の）めませんが、先生（せんせい）が飲（の）めとおっしゃったので飲（の）んでみました。思（おも）ったよりも飲（の）みやすくてつい、たくさん飲（の）んでしまいました。

はじめて 처음 | お宅（たく） 댁 | お邪魔（じゃま）する 방문하다, 폐를 끼치다 | 奥様（おくさま） 사모님 |

ずっと 훨씬 | 方（かた） 분(人(ひと)의 높임말) | 手料理（てりょうり） 손수 만든 요리 |

家庭料理（かていりょうり） 가정 요리 | 飲（の）め 마셔 (飲む의 명령형) | おっしゃる 말씀하시다 |

思（おも）ったよりも 생각보다도 | 飲（の）みやすい 마시기 쉽다 | つい 그만 | ～て しまう ～해 버리다

일본어로 써 봅시다!

1. 언제 일본에 가십니까?

_____

2. 자, 드십시오.

_____

3. 은행원이십니까?

_____

3. 銀行員（ぎんこういん）でいらっしゃいますか。
2. どうぞ 召（め）し上（あ）がってください。
정답　1. いつ 日本（にほん）へ いらっしゃいますか。

09 少々 お待ちください。 141

한자 연습

한자 즐기기

써 봅시다!

しょう じ 商事 상사	商事			
よ やく 予約 예약	予約			
り よう 利用 이용	利用			
とう じつ 当日 당일	当日			
あん ない 案内 안내	案内			
ちゅう もん 注文 주문	注文			

듣기 연습

A. 다음 내용을 잘 듣고 ( ) 안을 채워 보세요.

Track 52

A　はい、韓国貿易で（　　　　　　　　）。

B　もしもし、私は 日本商事の 佐藤と 申しますが、

　　社長（　　　　　　　　　　　　　）。

A　はい、（　　　　　　　　）。 少々 お待ちください。

B. 내용을 듣고 그림과 일치하면 ○, 일치하지 않으면 ×를 넣으세요.

Track 53

1)

（　　　　　　）

2)

（　　　　　　）

3)

（　　　　　）

ㄴ)

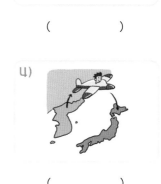

（　　　　　）

회화 플러스

Track 54

1. 용돈

➡ **おこづかいは 一ヶ月 いくらぐらいですか。**
いっかげつ

용돈은 한 달에 얼마 정도입니까?

예 **A** おこづかいは 一ヶ月 いくらぐらいですか。
용돈은 한 달에 얼마 정도입니까?

B 一ヶ月 約 30万ウォン ぐらいです。 한 달에 약 30만 원 정도입니다.
やく さんじゅうまん

2. 경험 2

➡ **片想いを した ことが ありますか。**
かたおも

짝사랑을 한 적이 있습니까?

A <u>片想いを した</u> ことが ありますか。 짝사랑을 한 적이 있습니까?

B1 はい、 あります。 네, 있습니다.

B2 いいえ、 一度も ありません。 아니요, 한 번도 없습니다.
いちど

| 아래 낱말을 써서 밑줄 친 부분과 바꿔서 말해 보세요. |

飛行機ひこうきに 乗のる 비행기를 타다 | 海外旅行かいがいりょこうを する 해외여행을 하다

日本にほんの ホテルに 泊とまる 일본 호텔에 묵다 | 着物きものを 着きる 기모노를 입다

温泉旅館おんせんりょかんに 行いく 온천여관에 가다

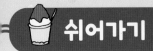

● 모미지가리

　일본도 우리나라와 같이 사계절이 뚜렷하여 가을이 되면 단풍이 절정을 이룹니다. 일본에서는 '단풍 구경', '단풍 놀이'를 말할 때 '모미지가리(紅葉狩り)' 즉, '단풍 사냥'이라는 재밌는 표현을 씁니다. '가리(狩り, 사냥)'라는 표현을 사용하는 이유에 대해서는 사냥을 하지 않는 일본 귀족들이 단풍 구경을 갈 때 허세를 부리려고 '사냥을 간다'고 하고 나갔다는 데서 유래되었다는 설이 있습니다.

　관동 지역에서 손꼽히는 단풍의 명소 중에 도치기현의 '닛코 국립공원(日光国立公園)'이 있습니다. 선명한 빛깔의 단풍이 산과 폭포, 호수 주변을 물들이는 풍경은 보는 이들의 눈을 즐겁게 해 줍니다. 특히 '류즈노타키(竜頭の滝)' 주변의 절경은 폭포와 색색의 단풍이 어우러져 아름다운 자태를 뽐냅니다.

▲ 류즈노타키

▲ 단풍이 절정을 이룬 닛코 국립공원

10 私が お持ちします。

わたし　　　　　も

제가 들어 드리겠습니다.

포인트 스피치   Track 55

" 그럼, 프레젠테이션을 시작하겠습니다.

프린트가 없는 분은 말씀해 주세요. 갖다 드리겠습니다.

그럼 지금부터 발표하겠습니다.

では、プレゼンテーションを はじめます。

プリントが ない 方は おっしゃって ください。お持ちいたします。

それでは、今から 発表させて いただきます。 "

기본 회화

Track 56

春香(はるか) 先生、今回(こんかい) 本(ほん)を お書(か)きに なったんですね。

作家(さっか) おかげさまで やっと 出版(しゅっぱん)できました。

春香 私(わたし)も さっそく 読(よ)ませて いただきました。

大変(たいへん)、面白(おもしろ)く 読(よ)ませて いただきました。

作家 どんな 点(てん)が 興味深(きょうみぶか)かったですか。

春香 そうですね。 何(なん)と言(い)っても 最後(さいご)の クライマックスが

素晴(すば)らしかったです。

作家 そうですか。思(おも)ったより 評判(ひょうばん)が 良(よ)くて、ほっとして います。

作家さっか 작가 | 今回こんかい 이번 | おかげさまで 덕분에 | やっと 드디어 | 出版しゅっぱん 출판 |

さっそく 즉시 | 興味深きょうみぶかい 흥미롭다, 매우 흥미롭다 | 何なんと言っても 뭐니 뭐니 해도, 무엇보다도 |

最後さいご 마지막, 최후 | クライマックス 클라이맥스(climax) | 素晴すばらしい 훌륭하다 |

評判ひょうばん 평판 | ほっとする 안심하다

1 존경어 · 겸양어 공식

존경어	겸양어
お+ます형 お(ご)+한자어] に なる ~하시다 ください ~해 주십시오	お+ます형 お(ご)+한자어] する ~하다 いたす ~해 드리다

お待ちに なります   お読みします

お待ちください   お読みいたします

ご乗車に なる   ご説明します

ご乗車ください   ご説明いたします

2 お+ます형+に なる (상대방이) ~하시다

これは 吉田先生が お書きに なった 本です。

何時ごろ お帰りに なりますか。

何時ごろ 会社に お戻りに なりますか。

3 ～させて いただく (자신이) ~하다 (가장 겸손한 겸양어)

その 本は もう 読ませて いただきました。

ご案内させて いただきます。

お先に 帰らせて いただきます。

乗車じょうしゃ 승차 | 説明せつめい 설명 | 戻もどる 돌아오다 | もう 이미, 벌써 | 案内あんない 안내 |

お先さきに 먼저

④ 何と言っても　뭐니 뭐니 해도, 무엇보다도

何と言っても うちの 先生が 最高です。

何と言っても 性格が 一番ですね。

何と言っても 韓国の 製品が いいですね。

⑤ 思ったより　생각보다, 생각했던 것보다

思ったより 日本語は おもしろいですね。

キムさんは 思ったより かっこいい 人です。

この レストランは 思ったより おいしいし、

値段も 高くないし、いいですね。

最高さいこう 최고 | **性格**せいかく 성격 | **製品**せいひん 제품 | **かっこいい** 멋지다 |

レストラン 레스토랑(restaurant) | **値段**ねだん 값, 가격

문법 포인트

[참고] 생활에 자주 쓰이는 존경·겸양 표현

① A 木村さん、いらっしゃいますか。(居る) 기무라 씨 계십니까?

 B はい、おります。

  いいえ、おりません。 네, 있습니다/아니요, 없습니다

② 今 どこへ いらっしゃいますか。(行く) 지금 어디에 가십니까?

③ どこから いらっしゃいましたか。(来る) 어디에서 오셨습니까?

④ もしもし、山田さんの お宅ですか。 여보세요, 야마다 씨 댁입니까?

⑤ お住まいは どちらですか。 댁(사시는 곳)은 어디세요?

⑥ あの 方は どなたですか。 저 분은 누구십니까?

⑦ いかがですか。 어떠십니까?

⑧ お忙しいですか。 바쁘십니까?

⑨ お暇ですか。 한가하십니까(시간 괜찮으십니까)?

⑩ よろしいですか。 괜찮으시겠습니까?

⑪ 召し上がってください。 드십시오.

 いただきます。 잘 먹겠습니다.

⑫ 少々 お待ちください。 잠시만 기다려 주십시오.

⑬ お待たせしました。(＝お待たせいたしました) 오래 기다리셨습니다.

⑭ あとで お電話いたします。 나중에 전화드리겠습니다.

⑮ ご連絡いたします。 연락드리겠습니다.

패턴 연습

1.

昨日 何時ごろ お宅へ 帰りましたか。
きのう なんじ   たく かえ

→　昨日 何時ごろ お宅へ お帰りになりましたか。

1)

昨日 山田さんに 会いましたか。
　　やまだ   あ

→　昨日 山田さんに _____。

2)

この 本を 読みましたか。
　　ほん よ

→　この 本を_____。

3)

何時まで キムさんを 待ちましたか。
　　　　　　　　　ま

→　何時まで キムさんを_____。

4)

日本語で メールを 書きましたか。
にほんご   か

→　日本語で メールを_____。

📝

～ごろ ～쯤 ｜ メール 메일

패턴 연습

2. 예와 같이 존경어와 겸양어로 만드세요.

	존경어	겸양어
예 読^よむ	お読みに なる	お読みする(いたす)
会^あう		
聞^きく		
話^{はな}す		
説明^{せつめい}		
案内^{あんない}		
連絡^{れんらく}		
電話^{でんわ}		

읽어 봅시다!

 Track 57

私たちのクラスの日本語の先生は授業を始める前に必ず漢字の小テストを行いました。毎日ですので、時々学生から不満が出ましたが、先生はいつも「これもあなたたちのためです。」とおっしゃって、最後までテストを行いました。そのおかげで、今は漢字に自信が持てるようになりました。

クラス 교실, 클래스(class) | 始はじめる 시작하다 | 必かならず 반드시 | 小しょうテスト 간단한 시험, 쪽지시험 |

行おこなう 행하다, 실시하다 | 時々ときどき 때때로 | 不満ふまん 불만 | 【명사】＋の＋ため ～를 위하여 |

おっしゃる 말씀하시다 | 自信じしん 자신 | ～ように なる ～하게 되다

 일본어로 써 봅시다!

1. 제가 들어 드리겠습니다.

_____

2. 설명해 드리겠습니다.

_____

3. 여기에 주소를 써 주십시오.

_____

정답 1. 私(わたし)が お持(も)ちします。(＝お持(も)ちいたします)
2. ご説明(せつめい)させて いただきます。(＝ご説明(せつめい)いたします)
3. こちらに ご住所(じゅうしょ)を お書(か)き ください。

한자 연습

한자 즐기기

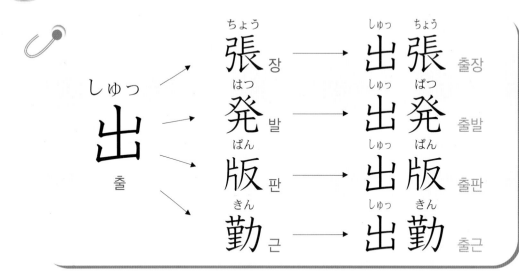

しゅっ
出
출

ちょう
張 장 → しゅっ ちょう
出 張 출장

はつ
発 발 → しゅっ ぱつ
出 発 출발

ぱん
版 판 → しゅっ ぱん
出 版 출판

きん
勤 근 → しゅっ きん
出 勤 출근

써 봅시다!

こん かい 今回 이번	今回			
しゅっ ぱん 出版 출판	出版			
きょう み 興味 흥미	興味			
ひょう ばん 評判 평판	評判			
さい こう 最高 최고	最高			
さい ご 最後 최후, 마지막	最後			

듣기 연습

A. 다음 내용을 잘 듣고 ( ) 안을 채워 보세요.　 Track 58

男　ご<ruby>注文<rt>ちゅうもん</rt></ruby>は？

女　チーズケーキ（　　　　）

　　ホットコーヒー（　　　　）

　　お<ruby>願<rt>ねが</rt></ruby>いします。

男　<ruby>少々<rt>しょうしょう</rt></ruby>（　　　　　　　）。

　　（　　　　　　　　　）。

　　ごゆっくり　どうぞ。

B. 내용을 듣고 그림과 일치하면 ○, 일치하지 않으면 ×를 넣으세요.　 Track 59

1)

（　　　　）

2)

（　　　　）

3)

（　　　　）

4)

（　　　　）

회화 플러스

1. 주문

 Track 60

➔ **すみません。ポテトと コーラを ください。**

저기요, 포테이토와 콜라를 주세요.

 A すみません。<u>ポテトと コーラを</u> ください。
저기요, 포테이토와 콜라를 주세요.

B1 <u>はい、お持^もち帰^{かえ}りですか</u>。 네, 포장이신가요?

B2 <u>ここで お召^めし上^あがりですか</u>。 여기서 드시나요?

| 아래 낱말을 써서 밑줄 친 부분과 바꿔서 말해 보세요. |

すしセット 초밥 세트 | サラダ 샐러드 | 1 人前^{いちにんまえ} 1인분 | 2 人前^{ににんまえ} 2인분 |

少々^{しょうしょう} お待^まちください 잠시만 기다려 주십시오 |

すぐに お持^もちいたします 바로 가져다 드리겠습니다

2. 계산

➔ **お会計^{かいけい}は どう なさいますか。**

계산은 어떻게 하시겠습니까?

A <u>お会計は どう</u> なさいますか。 계산은 어떻게 하시겠습니까?

B <u>カードで</u> お願^{ねが}いします。 카드로 부탁합니다.

| 아래 낱말을 써서 밑줄 친 부분과 바꿔서 말해 보세요. |

包装^{ほうそう} 포장 | お支払^{しはらい} 지불 | デザート 디저트 | お飲^のみ物^{もの} 음료 |

メニュー 메뉴 | 何^{なに}に なさいますか 무엇으로 하시겠습니까? | べつべつに 따로따로 |

一緒^{いっしょ}に 같이 | 現金^{げんきん} 현금

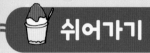

● 일루미네이션

겨울철이 되면 일본 각지에서는 빛의 향연인 '일루미네이션(イルミネーション)'을 선보입니다. 테마 파크나 유원지뿐만 아니라 거리 곳곳에서 화려한 일루미네이션이 펼쳐집니다.

전국 각지에 유명한 일루미네이션 명소가 있지만 그중에서도 최고의 일루미네이션 명소로 꼽히는 곳이 가고시마현(鹿児島県)의 '플라워파크(フラワーパーク)'입니다. 450만 개의 전구를 사용하여 빛의 정원을 표현한 '플라워파크'는 꽃 전문가들이 꽃잎 하나하나의 세세한 부분까지 빛으로 구현했다고 합니다.

도쿄 도심 중심부에 자리한 '도쿄 미드타운(東京ミッドタウン)' 일대 역시 최고의 일루미네이션 명소로 꼽힙니다. 청색 LED 전구를 이용해 마치 우주 공간을 연상시키는 일루미네이션으로 유명합니다. 도쿄의 또 다른 일루미네이션 명소로는 도쿄 이나기시(稲城市)와 가나가와현 다마구(神奈川県 多摩区)에 걸쳐 있는 테마 파크인 '요미우리랜드(よみうりランド)'가 있는데, 일루미네이션이 마치 보석처럼 빛난다고 하여 주엘루미네이션(ジュエルミネーション. 보석(ジュエル)와 일루미네이션을 합친 말)이라고 부릅니다. 600만 개의 전구를 사용하여 빛의 이상향 '라이트피아'를 연출하여 보고 있으면 감탄사가 절로 나온다고 합니다.

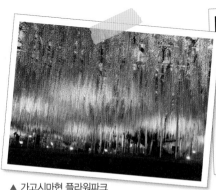

▲ 가고시마현 플라워파크

▲ 도쿄 미드타운의 일루미네이션

Memo

 **부록**

1과 **듣기 연습 • 018**

A

男 あの、週末の 旅行の ことなんですが、土曜日は どうですか。

女 えーと、8日の 土曜日は コンサートを 見に 行く 約束が あるから 行けません。

男 そうですか。私は 8日は 行けますが、15日の 土曜日には テストが あるんです。

女 しょうがないですね。 じゃ……。

> **정답** 3

B

❶ 花子さんは 英語が 上手です。
アメリカ人と 英語で 上手に 話せます。

❷ 花子さんは ギターが 弾けません。
でも、ピアノは 弾けます。

❸ 花子さんは スポーツが 上手ですが、水泳だけは ぜんぜん できません。

❹ 花子さんは お酒が 好きですが、あまり 飲めません。

> **정답**

❶ ○　　❷ ×　　❸ ×　　❹ ×

2과 **듣기 연습 • 034**

A

恵美 これ、鈴木さんの 会社の 制服なんですか。

スーツを 着なければ なりませんか。

鈴木 スーツは 着なくても いいですが、ネクタイを しなければ なりません。私は Yシャツよりは セーターの 方が いいですけどね。

恵美 そうですね。じゃ、女の 人の かっこうは?

鈴木 スカートを はかなければ なりません。それに 白い ブラウスも 着なければ なりません。

恵美 へぇ、そうなんですか。

> **정답** 3

B

❶ 芝生に 入らないで ください。

❷ お酒を 飲んで 車を 運転しないで ください。

❸ 明日は テストだから 勉強しなければ なりません。

❹ コーヒーは 飲んでも いいですが、たばこは 吸わない 方が いいです。

> **정답**

❶ ○　　❷ ×　　❸ ○　　❹ ○

3과 **듣기 연습 • 052**

A

木村 アヤさん、顔色が よくないですね。どうしたんですか。

アヤ 今日 病院へ 行って 来たんですが、風邪だそうです。

木村 そうですか。 薬は 飲みましたか。

アヤ いいえ、ご飯を 食べてから 飲もうと 思います。

木村　薬を 飲んで ゆっくり 休んで ください。

アヤ　はい、ありがとうございます。木村さんも
　　　気を つけて ください。

나 - 다 - 라 - 라 - 가

B
① 天気予報に よると 明日は 雨が 降るそうです。
② 鈴木さんは お金が あまり なさそうです。
③ 時間が あまり ないから タクシーに 乗ろうと
　　思います。
④ キムさんは 頭が よさそうです。

① ✕　　② ✕　　③ ○　　④ ○

4과　듣기 연습 • 066

A
恭子　これ、田中さんの 家族の 写真ですか。
田中　はい、そうです。
恭子　お父さんと お母さんは とても 優しそうです
　　　ね。田中さんの 隣の 人は 妹さんですか。
田中　いいえ、姉です。
恭子　へぇ、本当ですか。 まるで 妹のようですね。

　1

B
① 山田さんの 妹さんは あまり 女らしく ないです。
② 木村さんは 魚が あまり 好きじゃ ないみたいです。
③ 山田さんと 佐藤さんは とても 親しいです。 ま
　　るで 兄弟みたいですね。
④ この 女の 人は 先生なのに 先生らしく ない か
　　っこうを して います。

① ✕　　② ○　　③ ✕　　④ ○

5과　듣기 연습 • 082

A
女　あの、すみません。学校へ 行きたいんです
　　が、ここから どうやって 行けば いいですか。
男　学校ですか。この 道を まっすぐ 行くと 交差
　　点が 二つ あります。一つ目の 交差点を 左
　　に 曲がると 右側に あります。
女　ありがとうございました。
男　いいえ、 どういたしまして。

　A

B
① A: 銀行へ 行きたいんですが、ここから どうや
　　　 って 行けば いいですか。
　　B: この 道を 右に 曲がると 左側に あります。
② A: あの、 映画の チケットが 二枚 あるんです
　　　 が、明日 時間が あれば 映画を 見に 行きま

せんか。

B: 明日なら いいですよ。

❸ **A:** お腹が 痛いんです。どうしたら いいですか。

B: お腹が 痛いなら 病院へ 行った 方が いいですね。

❹ **A:** キムさん、今 スーパーの 前ですが、どこか わかりません。

B: そうですか。スーパーを 左に 曲がると 右側に あります。もし わからなかったら 電話して ください。

정답

❶ ○   ❷ ○   ❸ ×   ❹ ×

6과 듣기 연습 • 099

A

木村 今度 ボーナスを もらったら 何が したいですか。

キム デパートで 新しい 靴と かばんを 買おうと 思います。木村さんは 何が したいですか。

木村 私は 友達と 一緒に 日本へ 行って こようと 思います。

キム うらやましいですね。期間は どのぐらいですか。

木村 3泊4日ぐらいの 予定です。

キム 予約は しましたか。

木村 はい、友達に 予約して もらいました。

❶ 男の 人は 女の 人と 一緒に 日本へ 行く 予定です。

❷ 女の 人は ボーナスを もらったら 済州道へ 行きます。

❸ 男の 人は ボーナスを もらったら 日本へ 行く 予定です。

❹ 女の 人に ホテルの 予約を して もらいました。

정답 3

B

❶ 私は 彼女に 花束を 買って あげました。

❷ 私は 犬に パンを やりました。

❸ 私は 先生に ペンを いただきました。

❹ 彼女は 私に かばんを 買って くれました。

정답

❶ ○   ❷ ○   ❸ ×   ❹ ○

7과 듣기 연습 • 114

A

恭子 もしもし、田中さん。今 何を して いますか。

田中 家で ごろごろ して います。私、昨日 学校で 先生に ほめられて 気分が とても よかったんですけど、帰りの バスで……。

恭子 バスで? 何か あったんですか。

田中 だれかに カバンを 盗まれて しまったんです。

恭子 え? それは 大変ですね。カバンに お金も 入って いたんですか。

田中 ええ、アルバイトで もらった お金を 全部 取られちゃったんです。

恭子 あ～あ。

田中 それに 雨に 降られて 服は 濡れるし、母に 散々 叱られて……。 気分は 最悪です。 週末は ずっと 家に いる つもりですよ。

> **정답** 나 – 다 – 가

B

① 犬に 手を 噛まれました。
② 雨に 降られて 新しい 服が 濡れて しまいました。
③ バスの 中で 隣の 人に 足を 踏まれました。
④ 試験の 成績が 悪くて 母に 叱られました。

> **정답**
>
> ① ○   ② ○   ③ ×   ④ ×

8과 듣기 연습 • 130

A

男 人が いっぱい いる ところと 言えば やっぱり 新宿ですよね。

女 はい。

男 彼女に 人が たくさん いる ところで 告白され たいって 言われて。

女 わ～ すごい！ それで したんですか。

男 したというより、させられたんです。無理やり に。本当に 恥ずかしかったですよ。

> **정답** 2

B

① 学生は 先生に 本を 読ませられました。
② 先生に トイレの 掃除を させられました。
③ 先輩は 後輩に お酒を 飲ませました。
④ 母は 私に 皿を 洗わせました。

> **정답**
>
> ① ×   ② ○   ③ ○   ④ ○

9과 듣기 연습 • 143

A

女 はい、韓国貿易で(ございます)。

男 もしもし、私は 日本商事の 佐藤と 申しますが、社長(いらっしゃいますか)。

女 はい、(おります)。 少々 お待ちください。

B

① A: どうぞ 召し上がって ください。

  B: いただきます。

② A: チエさん、 何に なさいますか。

  B: 私は 豚カツが いいんですが。

  A: 私は すしセットに します。

③ A: この 映画 もう ご覧に なりましたか。

  B: はい、 先週の 土曜日に 拝見しました。

④ A: もしもし、 田中さんの お宅ですか。

  B: はい、 そうです。

  A: 私、 木村ですが、アキラさん いらっしゃい ますか。

B: はい、 少々 お待ちください。

정답

① ○ ② ○ ③ ○ ④ ×

10과 듣기 연습 • 155

A

男 ご注文は?

女 チーズケーキ(と) ホットコーヒー(を) お願い

します。

男 少々 (お待ちください)。

(お待たせしました)。 ごゆっくり どうぞ。

B

① ずいぶん 重そうですね。 私が お持ちいたします。

② どうぞ、 お入りください。

③ 二人で お話しください。

④ あ! この 本、 このあいだ 読ませて いただきま

したけど。

정답

① ○ ② ○ ③ ○ ④ ×

본문 해석

1과

기본 회화 • 009

기무라 술을 마실 수 있어요?

김 아니요. 그다지 마시지 못해요.

기무라 어떤 술이라면 마실 수 있어요?

김 단 술이라면 마실 수 있습니다.

기무라 그럼 다음번에 마시러 갑시다.

김 좋네요. 언제 갈까요?

기무라 다음 주 금요일은 어떻습니까?

김 금요일은 친구 졸업식이라서 갈 수 없습니다.
 하지만, 토요일이라면 괜찮아요.

기무라 그렇습니까? 그럼 토요일로 합니다.

독해·작문 • 016

이것은 '러브'라는 영화의 팸플릿입니다.
저는 일본어를 할 수 있어서 이 팸플릿의 일본어를
읽을 수 있습니다.
이 영화는 한국인과 일본인과의 사랑에 대한 이야
기입니다.
20세 이상인 사람은 이 영화를 볼 수 있습니다만,
20세 미만인 사람은 볼 수 없습니다.

2과

기본 회화 • 023

야마다 교코 씨, 취직 축하합니다.

교코 감사합니다. 하지만, 매일 아침 5시에 일어나야
 합니다.

야마다 네? 빠르네요. 토요일도 회사에 갑니까?

교코 아니요. 토요일은 가지 않아도 괜찮습니다.

야마다 저희 회사는 토요일도 가야 합니다.

교코 그것 참 힘들겠네요.

야마다 교코 씨, 출근은 언제부터입니까?

교코 내일부터입니다.

야마다 그럼 늦지 마세요.

독해·작문 • 032

집에서 학교까지 약 한 시간 정도 걸리기 때문에 저
는 아침 일찍 일어나야 합니다. 가끔 아침밥을 먹지
않고 갈 때도 있습니다.
내일 수업은 오후 2시에 시작되기 때문에 서두르지
않아도 괜찮습니다.
다음 주 월요일에는 시험이 있어서 열심히 공부해
야 합니다.

3과

기본 회화 • 039

〈초대장을 보면서〉

기무라 이건 무엇입니까?

교코 초대장이에요. 토요일에 메구미 씨가 결혼한다
 고 합니다.

기무라 그렇군요. 이쪽 분이 결혼할 사람입니까? 자상
 해 보이네요.
 그런데 교코 씨는 메구미 씨 결혼식에 갑니까?

교코 네, 아르바이트가 끝나고 나서 가려고 합니다만.

기무라 신혼여행은 어디로 갑니까?

교코 유럽으로 간다고 합니다.

기무라 부럽군요. 저도 빨리 결혼하고 싶네요.

독해·작문 • 050

저는 주말에 친구와 제주도에 놀러 가려고 합니다.
하지만, 뉴스에 의하면 내일부터 일요일까지 계속
비가 내린다고 합니다. 그래서 어제 친구에게 전화
를 해서 물어봤습니다. 친구는 날씨가 안 좋아도 가
자고 했습니다. 우리들은 예정대로 가기로 했습니
다만, 지금이라도 비가 내릴 것 같아서 조금 걱정입
니다.

본문 해석

4과

기본 회화 • 057

다나카 기무라 씨의 여자 친구는 매주 토요일에 병원에서 봉사 활동을 하고 있다고 해요.

교코 그렇습니까? 마치 천사 같네요. 언제부터 하고 있다고 합니까?

다나카 1년 이상 계속하고 있다는 것 같습니다.

교코 대단하네요.

다나카 게다가 여성스럽고 예쁘고, 나이팅게일 같은 사람이 되고 싶다고 한대요.

독해·작문 • 064

메구미는 나와 동갑인데도 행동이나 말투를 보면 마치 언니 같다. 그녀는 여성스럽고 친절해서 남자들에게 인기가 굉장히 많은 것 같다.

내일은 휴일이라서 메구미네 집에 놀러 가려고 한다. 같이 비디오를 보거나 커피를 마시면서 이야기하려고 한다.

5과

기본 회화 • 071

김 저, 실례합니다. 이 근처에 다이스키 호텔이 있습니까?

시미즈 네, 다이스키 호텔이라면 이 근처에 있어요.

김 여기에서 어떻게 가면 됩니까?

시미즈 이 길을 쭉 가면 사거리가 나옵니다. 거기서 오른쪽으로 돌면 왼편에 있습니다.

김 예?

시미즈 저쪽의 파출소가 보입니까?

김 네, 보입니다.

시미즈 혹시 모르겠다면 저기 파출소에 가서 물어보세요.

독해·작문 • 080

다카하시 씨는 저의 대학 시절 친구입니다.

다카하시 씨는 저의 집 근처에 살고 있어서 집에서 걸어서 5분 정도밖에 걸리지 않습니다.

저의 집 바로 앞에 서점이 있습니다만, 서점을 지나서 조금 걸으면 오른편에 슈퍼마켓이 있습니다. 그 슈퍼마켓에서 오른쪽으로 돌면 왼편에 다카하시 씨의 집이 있습니다.

6과

기본 회화 • 087

김 실례합니다.
뭔가 쓸 것을 빌려주지 않겠습니까?

시미즈 네, 여기요.

김 이 서류를 내일까지 교무과에 제출해야만 합니다. 하지만 한자를 잘 몰라서 곤란합니다. 도와주시겠어요?

시미즈 그럼요. 제가 도와 드리겠습니다.

김 감사합니다. 이것은 뭐라고 쓰여 있습니까?

시미즈 이것은 '현주소'로, 지금 살고 있는 곳이라는 의미입니다.

독해·작문 • 097

다나카 군은 제가 곤란할 때에 제일 의지가 되는 친구입니다.

일전에도 제가 전차 안에서 가방을 잃어버렸을 때 일부러 역까지 같이 가 주었습니다. 그리고 보증인이 없어서 곤란해하고 있을 때도 흔쾌히 보증인을 맡아 주었습니다.

저는 언젠가 다나카 군에게 보답을 하려고 생각하고 있습니다.

기본 회화 • 103

김 무슨 일이에요? 안색이 나쁘네요.

사토 어제 잠을 거의 못 잤습니다.
　　갑자기 친구가 술자리에 불러서요.

김 또 마신 겁니까?

사토 네, 못 마시는 위스키는 억지로 마시고,
　　아내한테는 호되게 잔소리를 듣고……

김 저런 저런.

사토 이제부터는 불러도 되도록 빨리 집에 돌아가도
　　록 하겠습니다.

독해·작문 • 112

저는 어렸을 때부터 야단만 맞았습니다.
특히 초등학생 때에는 자주 복도에 서 있었습니다.
호기심이 강한 탓인지 얌전히 있지 못하는 성격 같
습니다. 그 때문인지 아버지한테는 언제나 주의하
라며 호되게 말을 들었습니다. 하지만, 어른이 되어
보니 지금은 좋은 추억이 되고 있습니다.

기본 회화 • 119

김 하야토 씨는 학교에서 일본어를 가르치고 있죠?
　　학생들에게 어떻게 가르치고 있습니까?

하야토 매일 노트에 한자를 쓰게 하기도 하고 예문을 외
　　우게 하거나 하고 있습니다.

김 저는 선생님께서 매일 본문을 읽게 해서 힘듭니다.
　　본문을 못 읽을 때는 너무 창피해서요.

하야토 저도 처음에 한국어를 배울 때 한글을 못 써서
　　선생님께 좀 더 공부하고 오라고 들어서 고생했
　　습니다.

김 외국어를 배우는 것은 힘드네요.

어렸을 때에 어머니가 서예를 배우게 했습니다. 저
는 서예가 너무 싫었습니다만, 일주일에 2번 서예
교실에 다녔습니다.
서예 교실을 다니는 화요일과 목요일은 친구와 놀
수 없어서 정말로 싫었습니다.
하지만, 지금 되돌아보면 굉장히 도움이 되고 있습
니다. 글자가 정말 예쁘다고 모두에게 칭찬받습니
다.

기본 회화 • 135

직원 네, 다이스키 호텔입니다.

기무라 나카야마 상사의 기무라입니다만, 방을 예약하
　　고 싶습니다.

직원 언제부터 묵으실 예정이십니까?

기무라 1월 30일부터 3박으로 트윈 룸을 부탁합니다.

직원 잠시만 기다려 주십시오.

직원 기다리게 해서 죄송합니다. 나카야마 상사의 기
　　무라 님, 1월 30일부터 3박 트윈 룸으로 예약해
　　드렸습니다.

기무라 당일은 체크인이 밤 10시를 넘을 것 같습니다만.

직원 알겠습니다.

독해·작문 • 141

어제는 처음으로 선생님 댁을 방문했습니다.
사모님은 사진에서 보던 것보다 훨씬 아름다운 분
이었습니다. 손수 만든 요리도 굉장히 맛있고 처음
으로 일본의 가정요리를 먹을 수 있었습니다.
저는 술을 마시지 못하지만, 선생님께서 마시라고
하셔서 마셔 보았습니다. 생각보다도 마시기 쉬워
서 그만, 많이 마시고 말았습니다.

본문 해석

10과

기본 회화 • 147

하루카　선생님 이번에 책을 쓰셨네요.

작가　　덕분에 드디어 출판할 수 있었습니다.

하루카　저도 바로 읽었습니다.

　　　　굉장히 재미있게 읽었습니다.

작가　　어떤 점이 흥미 깊었습니까?

하루카　글쎄요, 무엇보다도 마지막 클라이맥스 부분이

　　　　멋졌습니다.

작가　　그렇습니까? 생각보다 평판이 좋아서 안심하고

　　　　있습니다.

독해·작문 • 153

우리 반의 일본어 선생님은 수업을 시작하기 전에 반드시 한자 쪽지 시험을 실시했습니다. 매일 하기 때문에 가끔 학생들한테서 불만이 나왔습니다만, 선생님은 언제나 "이것도 여러분을 위해서예요."라고 말씀하시며 끝까지 시험을 실시했습니다. 그 덕분에 지금은 한자에 자신을 가질 수 있게 되었습니다.

문법 정리 포인트

1과~3과

1. 문법 정리

종류	기본형	ます형	て형	가능형	부정형	의지형
1그룹 동사 (5단 동사)	会う	会います	会って	会える	会わない	会おう
	待つ	待ちます	待って	待てる	待たない	待とう
	乗る	乗ります	乗って	乗れる	乗らない	乗ろう
	死ぬ	死にます	死んで	死ねる	死なない	死のう
	飲む	飲みます	飲んで	飲める	飲まない	飲もう
	遊ぶ	遊びます	遊んで	遊べる	遊ばない	遊ぼう
	書く	書きます	書いて	書ける	書かない	書こう
	泳ぐ	泳ぎます	泳いで	泳げる	泳がない	泳ごう
	話す	話します	話して	話せる	話さない	話そう
	作る	作ります	作って	作れる	作らない	作ろう
	読む	読みます	読んで	読める	読まない	飲もう
	帰る	帰ります	帰って	帰れる	帰らない	帰ろう
2그룹 동사 (상1단동사 하1단동사)	見る	見ます	見て	見られる	見ない	見よう
	食べる	食べます	食べて	食べられる	食べない	食べよう
	起きる	起きます	起きて	起きられる	起きない	起きよう
	寝る	寝ます	寝て	寝られる	寝ない	寝よう
	教える	教えます	教えて	教えられる	教えない	教えよう
	覚える	覚えます	覚えて	覚えられる	覚えない	覚えよう
	出る	出ます	出て	出られる	出ない	出よう
3그룹 (カ행 변격동사)	来る	来ます	来て	来られる	来ない	来よう
3그룹 (サ행 변격동사)	する	します	して	できる	しない	しよう

문법 정리 포인트

2. 가능형

① ~が + 가능형

예 お酒が 飲めます。 술을 마실 수 있습니다.

② 동사 기본형 + ことが できる

예 お酒を 飲む ことが できます。

3. 부정형(ない형)

① ~ないで ください ~하지 마세요, ~ 하지 말아 주세요

예 行かないで ください。 가지 마세요.

② ~ない 方が いいです。 ~하지 않는 편이 낫습니다

예 行かない 方が いいです。 가지 않는 편이 낫습니다.

③ ~なければ なりません(いけません)。 ~하지 않으면 안됩니다, ~해야만 합니다.

예 行かなければ なりません(いけません)。 가지 않으면 안 됩니다.

④ ~なくても いいです ~하지 않아도 됩니다

예 行かなくても いいです。 가지 않아도 됩니다.

⑤ ないで ~하지 않고(나열. 열거)

예 行かないで(=行かずに) 가지 않고

ㄴ. 의지형

① 〜(よ)うと 思_{おも}います ~하려고 합니다(의지형)

> 예　日本へ 行_{に ほん}_いこうと 思います。 일본에 가려고 합니다.

② 〜(よ)う ~하자 (권유형)

> 예　日本へ 行こう。 일본에 가자.

5. そうだ

	そうだ(전문)	そうだ(추측·양태)
명사(N)	명사(N) + だ + そうだ	×
い형용사	〜い + そうだ	〜い̸ + そうだ
な형용사	〜だ + そうだ	〜だ̸ + そうだ
동사(V)	기본체 + そうだ	ます형 + そうだ

문법 정리 포인트

4과~6과

1. 동사의 가정형

종류	기본형	가정형	기본형	가정형	기본형	가정형
1그룹 동사 (5단 동사)	会う	会えば	飲む	飲めば	話す	話せば
	待つ	待てば	遊ぶ	遊べば	作る	作れば
	乗る	乗れば	書く	書けば	読む	読めば
	死ぬ	死ねば	泳ぐ	泳げば	帰る	帰れば
2그룹 동사 (상1단동사 하1단동사)	見る	見れば	起きる	起きれば	教える	教えれば
	食べる	食べれば	寝る	寝れば	覚える	覚えれば
	やめる	やめれば				
3그룹 (カ행 변격동사)	来る	来れば				
3그룹 (サ행 변격동사)	する	すれば				

2. ～ば ～ほど ~하면 ~할수록

① い형용사 : ～い　ければ + ～いほど

예　安ければ 安いほど いいです。 싸면 쌀수록 좋습니다.

② な형용사 : ～だ　ならば + ～なほど

예　学生は まじめならば まじめなほど いいです。 학생은 성실하면 성실할수록 좋습니다.

③ 동사 : e + ば

예　日本語は 勉強すれば するほど おもしろく なります。

일본어는 공부하면 할수록 재미있어집니다.

3. そうだ・ようだ・らしい 용법

	そうだ (전문)	そうだ (추측·양태)	ようだ	みたいだ (ようだ 회화체)	らしい
명사 (N)	명사(N)だ+ そうだ	×	명사(N)+の+ ようだ	명사(N)+ みたいだ	명사(N)+ らしい
い 형용사	〜い 〜くない 〜かった 〜くなかった +そうだ	〜い+そうだ	〜い 〜くない 〜かった 〜くなかった +ようだ	〜い 〜くない 〜かった 〜くなかった +みたいだ	〜い 〜くない 〜かった 〜くなかった +らしい
な 형용사	〜だ 〜じゃない 〜だった 〜じゃなかった +そうだ	〜だ+そうだ	〜だ→な 〜じゃない 〜だった 〜じゃなかった +ようだ	〜だ 〜じゃない 〜だった 〜じゃなかった +みたいだ	〜だ 〜じゃない 〜だった 〜じゃなかった +らしい
동사(V)	기본체 +そうだ	ます형 +そうだ	기본체 +ようだ	기본체 +みたいだ	기본체 +らしい

① そうだ 용법

예 天気予報に よると 明日は 雨が 降るそうです。 일기예보에 따르면 내일은 비가 온다고 합니다.(전문)

このチーズケーキ、 とても おいしそうですね。 이 치즈 케이크 매우 맛있어 보입니다.(추측, 양태)

② ようだ(＝みたいだ) 용법

예 まるで 夢の ようです。(＝夢みたいです) 마치 꿈 같습니다.(비유)

明日は 雪が 降るようです。(＝降るみたいです) 내일은 비가 올 것 같습니다.(추측)

③ らしい 용법

예 田中さんは 男らしいです。 다나카 씨는 남자답습니다.(〜답다)

明日から 寒く なるらしいです。 내일부터 추워질 것 같습니다.(추측)

문법 정리 포인트

1. 문법 정리

	기본형	수동형	사역형	사역수동형	명령형
1그룹 동사 (5단 동사)	買う	買われる	買わせる	買わせられる	買え
	待つ	待たれる	待たせる	待たせられる	待て
	撮る	撮られる	撮らせる	撮らせられる	撮れ
	死ぬ	死なれる	死なせる	死なせられる	死ね
	読む	読まれる	読ませる	読ませられる	読め
	遊ぶ	遊ばれる	遊ばせる	遊ばせられる	遊べ
	聞く	聞かれる	聞かせる	聞かせられる	聞け
	泳ぐ	泳がれる	泳がせる	泳がせられる	泳げ
	話す	話される	話させる	話させられる	話せ
	送る	送られる	送らせる	送らせられる	送れ
	歩く	歩かれる	歩かせる	歩かせられる	歩け
	帰る	帰られる	帰らせる	帰らせられる	帰れ
2그룹 동사 (상1단동사 하1단동사)	見る	見られる	見させる	見させられる	見ろ
	食べる	食べられる	食べさせる	食べさせられる	食べろ
	起きる	起きられる	起きさせる	起きさせられる	起きろ
	寝る	寝られる	寝させる	寝させられる	寝ろ
	教える	教えられる	教えさせる	教えさせられる	教えろ
	覚える	覚えられる	覚えさせる	覚えさせられる	覚えろ
	やめる	やめられる	やめさせる	やめさせられる	やめろ
3그룹 동사 (カ행 변격동사)	来る	来られる	来させる	来させられる	来い
3그룹 동사 (サ행 변격동사)	する	される	させる	させられる	しろ

2. 문법 정리 2

① 수동(受身)

예 先生に ほめられました。 선생님께 칭찬받았습니다.

この 本は 全部 日本語で 書かれて います。 이 책은 전부 일본어로 쓰여 있습니다.

誰かに かばんを 盗まれました。 누군가에게 가방을 도둑맞았습니다.

② 피해수동(迷惑の 受身)

예 雨に 降られて 服が 濡れました。 비를 맞아서 옷이 젖었습니다.

友達に 来られて 勉強が ぜんぜん できませんでした。 친구가 와서 공부를 전혀 못했습니다.

③ 사역(使役)

예 先生は 学生に 本を 読ませました。 선생님은 학생에게 책을 읽게 했습니다.

私は 妹に 漢字の 練習を させました。 저는 여동생에게 한자 연습을 시켰습니다.

母は 私に 部屋の 掃除を させました。 엄마는 저에게 방 청소를 시켰습니다.

④ 사역수동(使役受身)

예 会社の 前で 1時間も 待たせられました。 회사 앞에서 한 시간이나 기다렸습니다.

お腹が いっぱいなのに 食べさせられました。 배가 부른데도 어쩔 수 없이 먹었습니다.

妹に 4万円の かばんを 買わせられました。
여동생에게 4만엔 짜리 가방을 어쩔 수 없이 사 주었습니다.

忘年会で 先輩に お酒を 飲ませられました。 망년회에서 선배가 술을 마시게 했습니다.

⑤ ～ことに する

예 明日から ダイエットする ことに します。 내일부터 다이어트를 합니다.

⑥ ～ことに なる

예 キムさんは 来年の 2月に 日本へ 行く ことに なりました。
김 씨는 내년 2월에 일본에 가게 되었습니다.

문법 정리 포인트

9과~10과

1. 존경어·겸양어

기본형	존경어	겸양어
いる		おる 있다
行く	いらっしゃる 계시다, 가시다, 오시다	参る 가다, 오다
来る		
飲む	召し上がる 드시다	いただく 마시다, 먹다
食べる		
知る	ご存じだ 아시다	存じる 알다
見る	ご覧になる 보시다	拝見する 보다
する	なさる 하시다	いたす 하다
言う	おっしゃる 말씀하시다	申す・申し上げる 말씀드리다
会う	お会いになる 만나시다	お目にかかる 뵙다
聞く	お聞きになる 물으시다	伺う 여쭙다
訪ねる		伺う 찾아뵙다
くれる	くださる 주시다	
あげる		さしあげる 드리다
ある		ござる 있다

2. 존경어 공식

お+ます형 ┐ に なる ~하시다
お(ご)+한자어 ┘ ください ~해 주십시오

お読みに なる 읽으시다
お書きに なる 쓰시다
少々 お待ちください 잠시만 기다려 주십시오

3. 겸양어 공식

お+ます형 ┐ する ~하다
お(ご)+한자어 ┘ いたす ~해 드리다

お願いいたします。 부탁드립니다.
お持ちいたします。 들어 드리겠습니다.
ご案内いたします。 안내해 드리겠습니다.

회화 표현 총정리

(1)

A: 英語が できますか。

영어를 할 수 있습니까?

B: はい、すこし できます。

네, 조금 할 수 있습니다.

(2)

A: 辛い 料理が 食べられますか。

매운 요리를 먹을 수 있습니까?

B: はい、食べられます。大好きです。

네, 먹을 수 있습니다. 아주 좋아합니다.

(3)

A: 明日は 何を しなければ なりませんか。

내일은 무엇을 하지 않으면 안 됩니까?

B: 明日は 出勤しなければ なりません。

내일은 출근해야 합니다.

(4)

A: 愛してない 人と 結婚できると 思いますか。

사랑하지 않는 사람과 결혼할 수 있다고 생각합니까?

B: いいえ、できないと 思います。

아뇨, 할 수 없다고 생각합니다.

(5)

A: 今日の 天気は どうでしょうか。

오늘 날씨는 어떨까요?

B: 天気予報に よると 雨が 降るそうです。

일기예보에 따르면 비가 온다고 합니다.

(6)

A: 会社が 終わってから 何を する つもり

ですか。

회사가 끝나고 나서 무엇을 할 생각입니까?

B: 友達と 一緒に 食事を しようと 思います。

친구와 함께 식사를 할 생각입니다.

(7)

A: どうして 日本語を 習って いるんですか。

왜 일본어를 배웁니까?

B: 日本に 留学したいからです。

일본에 유학 가고 싶기 때문입니다.

(8)

A: 大学を 卒業してから 何を しますか。

대학을 졸업하고 나서 무엇을 합니까?

B: 日本へ 行って 写真の 勉強を しようと 思います。

일본에 가서 사진 공부를 할 생각입니다.

(9)

A: ここから どうやって 行けば いいですか。

여기에서 어떻게 가면 됩니까?

B: この 道を まっすぐ 行って ください。
銀行の すぐ前ですよ。

이 길을 곧장 가세요. 은행 바로 앞이에요.

(10)

A: スーパーは どこに ありますか。

슈퍼는 어디에 있습니까?

B: あの 本屋を すぎて すぐ 右に 曲がって ください。
もし わからなかったら 電話して ください。

저 책방을 지나서 바로 오른쪽으로 도세요. 만약 모르겠으면 전화해 주세요.

(11)

A: 傘を 貸して くれませんか。

우산을 빌려주지 않겠습니까?

B: はい、どうぞ。

네, 여기요.

(12)

A: あなたの 夢は 何ですか。

당신의 꿈은 무엇입니까?

B: 医者に なる ことです。

의사가 되는 것입니다.

(13)

A: 専門は 何ですか。

전공이 무엇입니까?

B: コンピューターです。

컴퓨터입니다.

(14)

A: 初恋は いつでしたか。

첫사랑은 언제였습니까?

B: 高校 3年生の 時でした。

고등학교 3학년 때였습니다.

(15)

A: 最近 どんな スタイルが はやって いますか。

최근 어떤 스타일이 유행하고 있습니까?

B: ミニスカートが はやって います。

미니스커트가 유행하고 있습니다.

(16)

A: 学校で 日本語を どう 教えて いますか。

학교에서 일본어를 어떻게 가르치고 있습니까?

B: 毎日 漢字の テストを 行います。

매일 한자 테스트를 실시합니다.

(17)

A: おこづかいは 一ヶ月 いくらぐらいですか。

용돈은 한 달에 얼마 정도입니까?

B: 一ヶ月 約30万ウォンぐらいです。

한 달에 약 30만 원 정도입니다.

(18)

A: 片想いを した ことが ありますか。

짝사랑을 한 적이 있습니까?

B: いいえ、一度も ありません。

아니요, 한 번도 없습니다.

(19)

A: すみません。ポテトと コーラを ください。

저기요, 포테이토와 콜라를 주세요.

B₁ はい、お持ち帰りですか。

네, 포장이신가요?

B₂ ここで お召し上がりですか。

여기서 드시나요?

(20)

A: お会計は どう なさいますか。

계산은 어떻게 하시겠습니까?

B: カードで お願いします。

카드로 부탁합니다.

1과

1 お酒は 飲めますか。(○)
  お酒が 飲めますか。(○)
  お酒を 飲めますか。(×)
2 日本語は できますか。(○)
  日本語が できますか。(○)
  日本語を できますか。(×)
3 山田さんに 会えますか。(○)
  山田さんが 会えますか。(×)
4 友達の 卒業式なので 行けません。(○)
  友達の 卒業式ので 行けません。(×)

2, 3과

1 たばこを 吸わないで ください。(○)
  たばこを 吸あないで ください。(×)
2 彼氏は いない。(○)
  彼氏は ない。(×)
3 明日は 5時までに 来なければ なりません。(○)
  明日は 5時まで 来なければ なりません。(×)
4 朝ごはんを 食べないで 会社へ 行きました。(○)
  朝ごはんを 食べなくて 会社へ 行きました。(×)
5 ニュースに よると 明日は 雨が 降るそうです。(○)

ニュースに よると 明日は 雨が 降りそうです。(×)
6 一生懸命 勉強しよう。(○)
  一生懸命 勉強しょう。(×)

4과

1 まるで 夢の ようです。(○)
  まるで 夢ようです。(×)
2 まるで 花みたいです。(○)
  まるで 花のみたいです。(×)
3 女らしくて かわいいです。(○)
  女らしいくて かわいいです。(×)
4 あの 部屋は 静かなようです。(○)
  あの 部屋は 静かようです。(×)

5과

1 日本語は 勉強すれば するほど おもしろいです。(○)
  日本語は 勉強しれば するほど おもしろいです。(×)
2 交通は 便利ならば 便利なほど いいです。(○)
  交通は 便利ならば 便利ほど いいです。(×)
3 まっすぐ 行くと 交差点に 出ます。(○)
  まっすぐ 行くと 交差点が 出ます。(×)
4 この 道を まっすぐ 行くと デパートが 見えます。(○)

この 道を まっすぐ 行くと デパートが 見ます。（×）

6과

1 友達は 私に 本を くれました。（〇）

友達は 私に 本を あげました。（×）

2 先生に 辞書を さしあげました。（〇）

先生に 辞書を あげました。（×）

3 山田先生に 日本語を 教えて いただきました。（〇）

山田先生に 日本語を 教えて くださいました。（×）

4 母に 時計を 買って もらいました。（〇）

母に 時計を 買って いただきました。（×）

7과

1 雨に 降られて 服が 濡れて しまいました。（〇）

雨が 降られて 服が 濡れて しまいました。（×）

2 友達に 飲み会に 誘われました。（〇）

友達が 飲み会を 誘われました。（×）

3 人に 笑われました。（〇）

人に 笑あれました。（×）

8과

1 私に 行かせて ください。（〇）

私が 行かせて ください。（×）

9, 10과

1 お読みに なります。（〇）

お読みなります。（×）

2 先生が ペンを くださいました。（〇）

先生が ペンを くださりました。（×）

3 あとで お電話いたします。（〇）

あとで ご電話いたします。（×）

4 A: 社長 いらっしゃいますか。

B: いいえ、おりません。（〇）

A: 社長 いらっしゃいますか。

B: いいえ、いらっしゃいません。（×）

5 私が お持ち します。（〇）

私が お持ちに します。（×）

어휘 총정리

1과

- ☐ 愛(あい) 사랑
- ☐ 朝(あさ) 아침
- ☐ 甘(あま)い 달다, 독하지 않다
- ☐ 以上(いじょう) 이상
- ☐ いつ 언제
- ☐ 歌(うた)を 歌(うた)う 노래를 부르다
- ☐ 運転(うんてん)を する 운전을 하다
- ☐ 映画(えいが) 영화
- ☐ お酒(さけ) 술
- ☐ 泳ぐ(およ)ぐ 수영하다
- ☐ カタカナ 가타카나
- ☐ 学校(がっこう) 학교
- ☐ 漢字(かんじ) 한자
- ☐ 金曜日(きんようび) 금요일
- ☐ 今度(こんど) 이번
- ☐ コンビニ 편의점
- ☐ 三番(さんばん)出口(でぐち) 3번 출구
- ☐ 出張(しゅっちょう) 출장
- ☐ ジュース 주스
- ☐ スキーを する 스키를 타다
- ☐ 好(すき)だ 좋아하다
- ☐ スポーツ 스포츠
- ☐ 卒業式(そつぎょうしき) 졸업식
- ☐ 大丈夫(だいじょうぶ)だ 괜찮다
- ☐ 中国語(ちゅうごくご)で 話(はな)す 중국어로 이야기하다
- ☐ 使(つか)う 사용하다
- ☐ できる 할 수 있다
- ☐ デパート 백화점
- ☐ 土曜日(どようび) 토요일
- ☐ どんな 어떤
- ☐ ～なら ～라면

- ☐ ～に ～する ～로 하다
- ☐ ～についての+【명사】 ~에 대한+[명사]
- ☐ 飲(の)む 마시다
- ☐ 場所(ばしょ) 장소
- ☐ ２０歳(はたち) 20세
- ☐ 話(はなし) 이야기
- ☐ 早(はや)く 일찍
- ☐ パンフレット 팸플릿
- ☐ ピアノを 弾(ひ)く 피아노를 치다
- ☐ プール 수영장
- ☐ ～ましょう ～합시다
- ☐ 未満(みまん) 미만
- ☐ メニュー 메뉴
- ☐ 来週(らいしゅう) 다음 주
- ☐ ラブ 사랑

2과

- ☐ 急(いそ)ぐ 서두르다
- ☐ 一生懸命(いっしょうけんめい) 열심히
- ☐ 家(うち) (우리) 집
- ☐ え 의아해서 물을 때의 감탄사
- ☐ お金(かね) 돈
- ☐ 遅(おく)れる 늦다
- ☐ おめでとうございます 축하합니다
- ☐ 買(かい)物(もの)に 行(い)く 쇼핑을 하러 가다
- ☐ ガムを かむ 껌을 씹다
- ☐ 着(き)る 입다
- ☐ 車(くるま)を 止(と)める 차를 세우다
- ☐ 午後(ごご) 오후
- ☐ 交通(こうつう) 교통
- ☐ 触(さわ)る 손대다, 만지다
- ☐ 試験(しけん)を 受(う)ける 시험을 보다(치르다)

- □ 仕事(しごと)を やめる 일을 그만두다
- □ 写真(しゃしん)を 撮(と)る 사진을 찍다
- □ 就職(しゅうしょく) 취직
- □ 授業(じゅぎょう)を 受(う)ける 수업을 듣다
- □ 授業中(じゅぎょうちゅう) 수업 중
- □ 出勤(しゅっきん) 출근
- □ 制服(せいふく) 제복
- □ 掃除(そうじ) 청소
- □ 大変(たいへん)だ 큰일이다
- □ たばこを 吸(す)う 담배를 피우다
- □ 誕生日(たんじょうび) 생일
- □ 着(つ)く 도착하다
- □ テスト 시험, 테스트
- □ でも 하지만, 그렇지만
- □ 電車(でんしゃ)に 乗(の)る 전철을 타다
- □ 時(とき) 때
- □ 時々(ときどき) 때때로, 종종
- □ 隣(となり) 옆
- □ ~ので ~이기 때문에
- □ バイト 아르바이트(アルバイト의 줄임말)
- □ 始(はじ)まる 시작되다
- □ 早(はや)い 이르다, 빠르다
- □ はらう 지불하다
- □ ビール 맥주
- □ 暇(ひま)だ 한가하다
- □ 病院(びょういん) 병원
- □ 便利(べんり)だ 편리하다
- □ 毎朝(まいあさ) 매일 아침
- □ ~までに ~까지
- □ 物(もの) 물건, 것
- □ 約1時間(やくいちじかん) 약 1시간
- □ 休(やす)み 휴일
- □ わかる 알다, 이해하다

- □ 遊(あそ)びに 行(い)く 놀러가다
- □ 頭(あたま) 머리
- □ 危(あぶ)ない 위험하다
- □ 今(いま)にも 지금이라도, 당장이라도
- □ うらやましい 부럽다
- □ お母(かあ)さん 어머니
- □ 教(おし)える 가르치다
- □ 落(お)ちる 떨어지다
- □ 覚(おぼ)える 외우다
- □ 終(お)わる 끝나다, 마치다
- □ かびん 꽃병
- □ ~から ~이기 때문에
- □ 彼氏(かれし) 남자 친구, 그이
- □ 行(い)けない 갈 수 없다
- □ 汽車(きしゃ) 기차
- □ 9月(くがつ) 9월
- □ クッキー 쿠키
- □ 結婚(けっこん) 결혼
- □ 結婚式(けっこんしき) 결혼식
- □ 結婚(けっこん)したい 결혼하고 싶다
- □ ~ことに する ~하기로 하다
- □ 混(こ)む 막히다, 붐비다
- □ 残業(ざんぎょう) 잔업, 야근
- □ 新婚旅行(しんこんりょこう) 신혼여행
- □ しかし 그러나
- □ 週末(しゅうまつ) 주말
- □ 出発(しゅっぱつ) 출발
- □ 上手(じょうず)だ 잘하다
- □ 招待状(しょうたいじょう) 초대장
- □ 心配(しんぱい) 걱정, 염려
- □ ~ずつ ~씩

어휘 총정리

- [ ] ずっと 쭉, 훨씬
- [ ] 性格(せいかく) 성격
- [ ] それで 그래서
- [ ] 単語(たんご) 단어
- [ ] チーズケーキ 치즈케이크
- [ ] 済州島(チェジュド) 제주도
- [ ] 地下鉄(ちかてつ)に 乗(の)る 지하철을 타다
- [ ] ちょっと 좀, 약간
- [ ] つい 무심코, 얼떨결에
- [ ] 手紙(てがみ) 편지
- [ ] 天気予報(てんきよほう) 일기예보
- [ ] ～と 思(おも)います ～하려고 합니다
- [ ] ところで 그런데
- [ ] 道路(どうろ) 도로
- [ ] 泣(な)く 울다
- [ ] ～に よると ～에 의하면, ～에 따르면
- [ ] ニュース 뉴스
- [ ] フィアンセ 애인(fiance), 결혼할 사람
- [ ] 物価(ぶっか) 물가
- [ ] 毎日(まいにち) 매일
- [ ] 店(みせ) 가게
- [ ] 優(やさ)しい 자상하다, 상냥하다
- [ ] 山(やま)に 登(の)ぼる 산에 오르다
- [ ] ヨーロッパ 유럽
- [ ] 予定(よてい) 예정
- [ ] 予定(よてい)どおり 예정대로
- [ ] 来年(らいねん) 내년
- [ ] 留学(りゅうがく) 유학
- [ ] 私(わたし)たち 우리들

4과

- [ ] 後(あと) 후, 나중

- [ ] 痛(いた)い 아프다
- [ ] 妹(いもうと) 여동생
- [ ] えらい 훌륭하다
- [ ] 弟(おとうと) 남동생
- [ ] 男(おとこ)の子(こ)たち 남자아이들
- [ ] 男(おとこ)らしい 남자답다
- [ ] 同(おな)い年(どし) 동갑
- [ ] お姉(ねえ)さん 언니
- [ ] 女(おんな)らしい 여성스럽다
- [ ] 風邪(かぜ)を 引(ひ)く 감기에 걸리다
- [ ] 方(かた) 분
- [ ] かっこう 옷차림
- [ ] かなり 꽤, 제법
- [ ] 彼女(かのじょ) 여자 친구
- [ ] 気(き)が ある 마음이 있다
- [ ] 行動(こうどう) 행동
- [ ] 魚(さかな) 생선
- [ ] 寒(さむ)く なる 추워지다
- [ ] 事故(じこ)が ある 사고가 나다
- [ ] 静(しず)かだ 조용하다
- [ ] 手術(しゅじゅつ) 수술
- [ ] それに 게다가
- [ ] タイプ 타입
- [ ] たいへん 매우
- [ ] だから 그래서
- [ ] ～たり ～たり する ～하기도 ～하기도 하다
- [ ] ～ちゃん ～さん 보다 친근한 호칭
- [ ] 調子(ちょうし)が 悪(わる)い 컨디션이 나쁘다
- [ ] 続(つづ)ける 계속하다, 지속하다
- [ ] 天使(てんし) 천사
- [ ] どうも 아무래도
- [ ] ～とか ～라든가
- [ ] ナイチンゲールのような人(ひと) 나이팅게일 같은 사람

- [ ] ～ながら ～하면서
- [ ] ～なので ～이기 때문에
- [ ] ～に なりたい ～이 되고 싶다
- [ ] にぎやかだ 번화하다, 활기차다
- [ ] 人気(にんき) 인기
- [ ] 話(はなし)方(かた) 말투, 말하는 법
- [ ] バス 버스
- [ ] ピクニック 피크닉, 소풍
- [ ] ～方(ほう) ～쪽, ～편
- [ ] ホテル 호텔
- [ ] ボランティア 봉사 활동, 자원봉사
- [ ] 本物(ほんもの) 진품, 진짜
- [ ] 祭(まつ)り 축제
- [ ] まるで 마치
- [ ] 来週(らいしゅう) 다음 주
- [ ] 論文(ろんぶん) 논문
- [ ] 夢(ゆめ) 꿈

5과

- [ ] 頭(あたま)が 痛(いた)い 머리가 아프다
- [ ] 歩(ある)く 걷다
- [ ] いくら ～ても 아무리 ～해도
- [ ] 演劇(えんげき) 연극
- [ ] 替(か)える 바꾸다
- [ ] 金持(かねもち) 부자
- [ ] 悲(かな)しい 슬프다
- [ ] 聞(き)いて みる 물어보다
- [ ] きっぷ 표
- [ ] 嫌(きら)いだ 싫다
- [ ] 薬(くすり)を 飲(の)む 약을 먹다
- [ ] 交差点(こうさてん)に 出(で)る 사거리가 나오다
- [ ] 交番(こうばん) 파출소

- [ ] コンサート 콘서트
- [ ] 歳(さい) ～세
- [ ] ～しか ～밖에
- [ ] 時間(じかん) 시간
- [ ] 小説(しょうせつ) 소설
- [ ] 親切(しんせつ)だ 친절하다
- [ ] スーパー 슈퍼마켓
- [ ] 過(す)ぎる 지나치다
- [ ] すぐ 前(まえ) 바로 앞
- [ ] 少(すこ)し 조금, 약간
- [ ] 少(すこ)し 歩(ある)く 조금 걷다
- [ ] すてきだ 멋지다
- [ ] 住(す)む 살다
- [ ] 製品(せいひん) 제품
- [ ] 大学時代(だいがくじだい) 대학 시절
- [ ] 足(た)す 더하다
- [ ] 近(ちか)く 근처
- [ ] デザイン 디자인
- [ ] どうやって 어떻게, 어떻게 해서
- [ ] ～なら ～라면
- [ ] ～なんか ～같은 거, ～따위
- [ ] 値段(ねだん) 가격, 값
- [ ] 左側(ひだりがわ) 왼쪽
- [ ] 左(ひだり)に 曲(ま)がる 왼쪽으로 돌다
- [ ] 不便(ふべん)だ 불편하다
- [ ] 冬(ふゆ) 겨울
- [ ] ベッド 침대
- [ ] ボタンを 押(お)す 버튼을 누르다
- [ ] ～ほど ～할수록, ～정도
- [ ] 本当(ほんとう)に 정말로
- [ ] まず 우선, 먼저
- [ ] まっすぐ 똑바로
- [ ] まっすぐ 行(い)くと 곧장 가면

어휘 총정리

□ マンション 맨션
□ 見(み)える 보이다
□ 右(みぎ) 오른쪽
□ 右側(みぎがわ) 오른쪽
□ 右(みぎ)に 曲(ま)がる 오른쪽으로 돌다
□ 道(みち) 길
□ もし 만약, 혹시
□ モデル 모델
□ 郵便局(ゆうびんきょく) 우체국
□ 楽(らく)だ 편안하다
□ 連絡(れんらく) 연락
□ 若(わか)く 見(み)える 젊어 보이다, 어려 보이다
□ 悪(わる)い 나쁘다
□ ワンピース 원피스

6과

□ 開(あ)く 열리다(자동사)
□ 開(あ)ける 열다(타동사)
□ 意味(いみ) 의미, 뜻
□ 入(い)れる 넣다(타동사)
□ オイル 오일, 기름
□ お菓子(かし) 과자
□ 恩返(おんがえ)しを する 은혜를 갚음, 보은을 함
□ 会議(かいぎ) 회의
□ 返(かえ)す 반납하다(돌려주다)
□ かかる 걸리다
□ 書(か)くもの 쓸 것
□ かける 걸다
□ 傘(かさ) 우산
□ 貸(か)す 빌려주다
□ 教室(きょうしつ) 교실
□ 教務課(きょうむか) 교무과

□ ~君(くん) ~군
□ 現住所(げんじゅうしょ) 현 주소
□ 快(こころよ)い 기분 좋다, 상쾌하다
□ コップ 컵
□ 困(こま)る 곤란하다
□ 財布(さいふ) 지갑
□ 皿洗(さらあら)い 설거지
□ 辞書(じしょ) 사전
□ 閉(し)まる 닫히다
□ 写真(しゃしん) 사진
□ 社長(しゃちょう) 사장
□ 準備(じゅんび) 준비
□ 書類(しょるい) 서류
□ スカート 치마, 스커트
□ 住(す)む 살다
□ 説明(せつめい) 설명
□ 先輩(せんぱい) 선배
□ 助(たす)かる 도움이 되다
□ 頼(たよ)りに なる 의지가 되다
□ チケット 티켓
□ つく 켜지다
□ ~て 書(か)いて ある ~라고 쓰여 있다
□ 提出(ていしゅつ) 제출
□ 手伝(てつだ)う 돕다, 거들다
□ 電気(でんき) 전기
□ ~と 思(おも)う ~라고 생각하다
□ ドア 문
□ 時計(とけい) 시계
□ 所(ところ) 곳
□ 止(と)まる 멈추다, 서다
□ 止(と)める 세우다
□ 何(なに)か 무엇인가
□ 並(なら)ぶ 진열되다

- [ ] 何(なん)て 뭐라고
- [ ] 人形(にんぎょう) 인형
- [ ] パーティー 파티
- [ ] 入(はい)る 들어오다, 들어가다(자동사)
- [ ] 花束(はなたば) 꽃다발
- [ ] 引(ひ)き受(う)ける (책임지고) 맡다
- [ ] プレゼント 선물
- [ ] ペン 펜
- [ ] 報告書(ほうこくしょ) 보고서
- [ ] 保証人(ほしょうにん) 보증인
- [ ] 窓(まど) 창, 창문
- [ ] 見(み)せる (남에게) 보이다
- [ ] 昔(むかし) 옛날
- [ ] わざわざ 일부러
- [ ] 忘(わす)れる 잊다, 잊어버리다

7과

- [ ] 赤(あか)ちゃん 갓난아기
- [ ] 足(あし) 발
- [ ] アニメ 애니메이션
- [ ] 押(お)す 밀다
- [ ] お酒(さけ)を やめる 술을 끊다
- [ ] 大人(おとな) 어른
- [ ] 思(おも)い出(で) 추억
- [ ] ～か ～인지
- [ ] 会議室(かいぎしつ) 회의실
- [ ] 会社(かいしゃ)を 辞(や)める 회사를 그만두다
- [ ] 会話(かいわ) 회화
- [ ] 顔色(かおいろ) 안색
- [ ] 噛(か)む 물다
- [ ] 体(からだ)の 調子(ちょうし) 컨디션, 몸의 상태
- [ ] 急(きゅう)に 갑자기

- [ ] 好奇心(こうきしん) 호기심
- [ ] 子供(こども) 아이
- [ ] 最近(さいきん) 최근
- [ ] 誘(さそ)われる 권유받다
- [ ] 三階(さんがい) 3층
- [ ] 散々(さんざん) 몹시, 호되게
- [ ] じっと 가만히, 잠자코
- [ ] 試験(しけん) 시험
- [ ] 叱(しか)る 혼내다
- [ ] 小学生(しょうがくせい) 초등학생
- [ ] 宿題(しゅくだい) 숙제
- [ ] 上司(じょうし) 상사
- [ ] スーツ 양복
- [ ] ～せい ～탓, 때문
- [ ] 成績(せいせき) 성적
- [ ] セーター 스웨터
- [ ] それはそれは 저런 저런
- [ ] ダイエット 다이어트
- [ ] 立(た)たされる 세워지다(立(た)つ의 사역수동형)
- [ ] 建(た)てる 세우다
- [ ] 頼(たの)む 부탁하다
- [ ] たばこを やめる 담배를 끊다
- [ ] 注意(ちゅうい) 주의
- [ ] ～てばかりいる ～하고만 있다
- [ ] どうしたんですか 무슨 일이에요?, 왜 그래요?
- [ ] ドラマ 드라마
- [ ] 特(とく)に 특히
- [ ] なるべく 가능한 한
- [ ] 盗(ぬす)む 훔치다
- [ ] 濡(ぬ)れる 젖다
- [ ] 飲(の)まされる (어쩔 수 없이) 마시다
- [ ] 発表(はっぴょう) 발표
- [ ] 病気(びょうき) 병

어휘 총정리

□ ビル 빌딩
□ 昼(ひる)ご飯(はん) 점심밥
□ ほめる 칭찬하다
□ 文句(もんく) 불평
□ 野球(やきゅう) 야구
□ 夕(ゆう)ご飯(はん) 저녁밥
□ ～ように ～하도록
□ よく 자주, 잘
□ 来月(らいげつ) 다음 달
□ 留学(りゅうがく) 유학
□ 廊下(ろうか) 복도
□ ウィスキー 위스키

□ 習(なら)う 배우다
□ 習(なら)わせられる (어쩔 수 없이) 배우다
□ 日記(にっき) 일기
□ 恥(は)ずかしい 부끄럽다, 창피하다
□ ハングル 한글
□ 冬休(ふゆやす)み 겨울 방학, 겨울 휴가
□ 振(ふ)り返(かえ)ってみる 돌아보다
□ 本文(ほんぶん) 본문
□ もっと 더, 좀 더
□ 役(やく)に立(た)つ 도움이 되다
□ 例文(れいぶん) 예문
□ レポートを 出(だ)す 리포트를 내다

8과

□ 遊(あそ)べる 놀 수 있다
□ 運動場(うんどうじょう) 운동장
□ 外国語(がいこくご) 외국어
□ 必(かなら)ず 반드시
□ 通(かよ)わせられる (어쩔 수 없이) 다니다
□ 漢字(かんじ) 한자
□ 苦労(くろう) 고생
□ こい 와라(来る의 명령형)
□ 字(じ) 글자
□ 習字(しゅうじ) 서예, 습자
□ 週(しゅう)に 2回(にかい) 일주일에 두 번
□ 出張中(しゅっちょうちゅう) 출장 중
□ 大嫌(だいきら)いだ 매우 싫어하다
□ 大統領(だいとうりょう) 대통령
□ 遅刻(ちこく) 지각
□ ちゃんと 제대로, 확실히
□ ～でしょう ～하죠, ～겠죠
□ トイレ 화장실

9과

□ アメリカ 미국
□ 伺(うかが)う 찾아뵙다
□ 承(うけたまわ)る 듣다, 전해 듣다
□ 奥様(おくさま) 사모님
□ おっしゃる 말씀하시다
□ お邪魔(じゃま)する 방문하다, 폐를 끼치다
□ 少々(しょうしょう)お待(ま)ちください。 잠시 기다려 주십시오.
□ お宅(たく) 댁
□ お名前(なまえ) 이름, 성함
□ お飲(の)み物(もの) 음료, 마실 것
□ お待(ま)たせいたしました 기다리시게 해서 죄송합니다
□ 思(おも)ったよりも 생각보다도
□ ～か どうか わかりません ～인지 어떤지 모릅니다
□ かしこまりました 알겠습니다 (주로 손님, 상사에게 씀)
□ 家庭料理(かていりょうり) 가정 요리
□ 口(くち) 입
□ 商事(しょうじ) 상사, 상업에 관한 일
□ すぐ 곧, 바로

- [ ] ずっと 훨씬
- [ ] 注文(ちゅうもん) 주문
- [ ] ツインルーム 트윈 룸
- [ ] チェックイン 체크인
- [ ] ～て しまう ~해 버리다
- [ ] 手料理(てりょうり) 손수 만든 요리
- [ ] つい 그만
- [ ] 当日(とうじつ) 당일
- [ ] 泊(と)まる 숙박하다, 머물다
- [ ] ～と申(もう)します ~라고 합니다
- [ ] ～に なさいますか ~로 하시겠습니까?
- [ ] 飲(の)みやすい 마시기 쉽다
- [ ] 飲(の)め 마셔 (飲む의 명령형)
- [ ] はじめて 처음
- [ ] 回(まわ)る 돌다, (시간이) 지나다
- [ ] 召(め)し上(あ)がる 드시다 (食(た)べる의 존경어)
- [ ] 予約(よやく) 예약
- [ ] 利用(りよう) 이용

10과

- [ ] 案内(あんない) 안내
- [ ] おかげさまで 덕분에
- [ ] 行(おこな)う 행하다, 실시하다
- [ ] お先(さき)に 먼저
- [ ] かっこいい 멋지다
- [ ] 興味深(きょうみぶか)い 흥미롭다, 매우 흥미롭다
- [ ] クライマックス 클라이맥스
- [ ] ～ごろ ~쯤
- [ ] 今回(こんかい) 이번
- [ ] 最後(さいご) 마지막, 최후
- [ ] 最高(さいこう) 최고
- [ ] 作家(さっか) 작가

- [ ] さっそく 즉시
- [ ] 自信(じしん) 자신
- [ ] 出版(しゅっぱん) 출판
- [ ] 乗車(じょうしゃ) 승차
- [ ] 小(しょう)テスト 간단한 시험, 쪽지시험
- [ ] 素晴(すばら)しい 훌륭하다
- [ ] 製品(せいひん) 제품
- [ ] 時々(ときどき) 때때로
- [ ] 何(なん)と言(い)っても 뭐니 뭐니 해도, 무엇보다도
- [ ] ～の＋ため ~를 위하여
- [ ] 始(はじ)める 시작하다
- [ ] 評判(ひょうばん) 평판
- [ ] 不満(ふまん) 불만
- [ ] ほっとする 안심하다
- [ ] メール 메일
- [ ] もう 이미, 벌써
- [ ] 戻(もど)る 돌아오다
- [ ] やっと 드디어
- [ ] ～ように なる ~하게 되다
- [ ] レストラン 레스토랑

음원 파일 리스트

Memo

Memo

동양북스 채널에서 더 많은 도서
더 많은 이야기를 만나보세요!

 유튜브

 인스타그램

 블로그

 포스트

 페이스북

 카카오뷰

외국어 출판 45년의 신뢰
외국어 전문 출판 그룹
동양북스가 만드는 책은 다릅니다.

45년의 쉼 없는 노력과 도전으로 책 만들기에 최선을 다해온
동양북스는 오늘도 미래의 가치에 투자하고 있습니다.
대한민국의 내일을 생각하는 도전 정신과 믿음으로 최선을 다하겠습니다.

📖 동양북스

NEW

일본어 기초와 말하기를 한 번에

다이스키 일본어

STEP 3

스피치 트레이닝
워크북

동양북스

| 01과 본책 08쪽 |

▶ 다음 한자의 읽는 법과 뜻을 빈칸에 써 보세요.

예
| 資料 | しりょう | 자료 |

1) 運転 _____ _____

2) 卒業式 _____ _____

3) 未満 _____ _____

4) 出口 _____ _____

5) 愛 _____ _____

6) 出張 _____ _____

7) 場所 _____ _____

8) 公園 _____ _____

▶ **다음 문장을 일본어로 말해 보세요.**

1) 영어를 할 수 있습니까?

_____

2) 네, 조금 할 수 있습니다.

_____

3) 아니요. 전혀 못합니다.

_____

4) 히라가나를 읽을 수 있습니까?

_____

5) 중학생은 이 영화를 볼 수 없습니다.

_____

6) 내일은 올 수 있습니까?

_____

7) 피아노를 칠 수 있습니까?

_____

英語えいご 영어 | ぜんぜん 전혀 | 中学生ちゅうがくせい 중학생 | ピアノを 弾ひく 피아노를 치다

···〉 정답은 다음 페이지에서 확인하세요.

▶ 정답을 확인하고, 정답 문장을 소리 내어 읽으며 복습해 보세요.

1) 영어를 할 수 있습니까?

　英語が できますか。

2) 네, 조금 할 수 있습니다.

　はい、すこし できます。

3) 아니요. 전혀 못합니다.

　いいえ、ぜんぜん できません。

4) 히라가나를 읽을 수 있습니까?

　ひらがなが 読めますか。

5) 중학생은 이 영화를 볼 수 없습니다.

　中学生は この 映画が 見られません。

6) 내일은 올 수 있습니까?

　明日は 来られますか。

7) 피아노를 칠 수 있습니까?

　ピアノが 弾けますか。

▶ Q&A 형식으로 다양한 표현을 익히고, 자유롭게 말하기 연습을 해 보세요.

1

Q: 英語<ruby>えいご</ruby>が できますか。 영어를 할 수 있습니까?

A1: はい、すこし できます。

A2: いいえ、ぜんぜん できません。

A3: 英語<ruby>えいご</ruby>は 得意<ruby>とくい</ruby>です。

学生<ruby>がくせい</ruby>の ころ、習<ruby>なら</ruby>いました。

2

Q: 好<ruby>す</ruby>きな 人<ruby>ひと</ruby>に 好<ruby>す</ruby>きだと 言<ruby>い</ruby>えますか。
좋아하는 사람에게 좋아한다고 말할 수 있습니까?

A1: はい、もちろん 言<ruby>い</ruby>えます。

A2: はずかしくて 言<ruby>い</ruby>えません。

A3: 時<ruby>とき</ruby>に よって 違<ruby>ちが</ruby>います。

得意<ruby>とくい</ruby>だ 자신 있다 | はずかしい 부끄럽다 | ～頃<ruby>ころ</ruby> ～때 | もちろん 물론 |

時<ruby>とき</ruby>に よって 違<ruby>ちが</ruby>います 때에 따라 다릅니다 | ★ 中国語<ruby>ちゅうごくご</ruby> 중국어 | 水泳<ruby>すいえい</ruby> 수영 |

ゴルフ 골프 | スキー 스키 | 運転<ruby>うんてん</ruby> 운전 | フランス料理<ruby>りょうり</ruby> 프랑스 요리

| 02과 본책 22쪽 |

▶ 다음 한자의 읽는 법과 뜻을 빈칸에 써 보세요.

예		
資料	しりょう	자료

1) 試験　_____　_____

2) 出勤　_____　_____

3) 制服　_____　_____

4) 就職　_____　_____

5) 授業　_____　_____

6) 夜　_____　_____

7) 仕事　_____　_____

8) お金　_____　_____

▶ **다음 문장을 일본어로 말해 보세요.**

1) 여기에서 담배를 피우지 마세요.

_____

2) 여기에서 사진을 찍지 마세요.

_____

3) 내일도 오지 않으면 안 됩니까?

_____

4) 아니요, 내일은 오지 않아도 됩니다.

_____

5) 내일은 휴일이라서 학교에 가지 않아도 됩니다.

_____

6) 아침밥을 먹지 않고 회사에 갔습니다.

_____

7) 밤늦게 택시를 타지 않는 편이 좋습니다.

_____

たばこ 담배 | 夜よる 遅おそく 밤늦게 | タクシー 택시

···▷ 정답은 다음 페이지에서 확인하세요.

▶ 정답을 확인하고, 정답 문장을 소리 내어 읽으며 복습해 보세요.

1) 여기에서 담배를 피우지 마세요.

ここで たばこを 吸わないで ください。

2) 여기에서 사진을 찍지 마세요.

ここで 写真を 撮らないで ください。

3) 내일도 오지 않으면 안 됩니까?

明日も 来なければ なりませんか。

4) 아니요, 내일은 오지 않아도 됩니다.

いいえ、明日は 来なくても いいです。

5) 내일은 휴일이라서 학교에 가지 않아도 됩니다.

明日は 休みなので 学校へ 行かなくても いいです。

6) 아침밥을 먹지 않고 회사에 갔습니다.

朝ごはんを 食べないで 会社へ 行きました。

7) 밤늦게 택시를 타지 않는 편이 좋습니다.

夜遅く タクシーに 乗らない 方が いいです。

▶ Q&A 형식으로 다양한 표현을 익히고, 자유롭게 말하기 연습을 해 보세요.

1

Q: ここで 写真を 撮らないで ください。 여기에서 사진을 찍지 마세요.

A1: はい、わかりました。

A2: あ、そうですか。 知りませんでした。

A3: じゃ、あそこでは 撮っても いいですか。

2

Q: 土曜日も 会社へ 行きますか。 토요일도 회사에 갑니까?

A1: はい、土曜日も 行かなければ なりません。

A2: いいえ、土曜日は 行かなくても いいです。

A3: はい、最近 会社が 忙しくて 土曜日も

出勤しなければ なりません。

撮とる 찍다 │ 知しりませんでした 몰랐습니다 │ ★ たばこを 吸すう 담배를 피우다 │ 泳およぐ 헤엄치다 │

電話でんわする 전화하다 │ 待まつ 기다리다 │ 週末しゅうまつ 주말 │ 仕事しごとを する 일을 하다 │

バイトに 行いく 아르바이트를 하러 가다 │ 出張しゅっちょうに 行いく 출장을 가다

9

| 03과 본책 38쪽 |

▶ 다음 한자의 읽는 법과 뜻을 빈칸에 써 보세요.

예

| 資料 | しりょう | 자료 |

1) 天気予報 _____ _____

2) 道路 _____ _____

3) 準備 _____ _____

4) 残業 _____ _____

5) 物価 _____ _____

6) 地下鉄 _____ _____

7) 週末 _____ _____

8) 性格 _____ _____

▶ **다음 문장을 일본어로 말해 보세요.**

1) 뉴스에 의하면 내일은 비가 내린다고 합니다.

_____

2) 일기예보에 의하면 내일은 눈이 온다고 합니다.

_____

3) 이 요리는 맛있어 보이네요.

_____

4) 다나카 씨는 성실해 보입니다.

_____

5) 아오키 씨는 성격이 좋은 것 같습니다.

_____

6) 친구와 영화를 보려고 합니다.

_____

7) 내년 3월에 일본에 가려고 합니다.

_____

青木あおき 아오키(일본 성씨) | 性格せいかくが いい 성격이 좋다

∙∙∙〉 정답은 다음 페이지에서 확인하세요.

▶ 정답을 확인하고, 정답 문장을 소리 내어 읽으며 복습해 보세요.

1) 뉴스에 의하면 내일은 비가 내린다고 합니다.

ニュースに よると 明日は 雨が 降るそうです。

2) 일기예보에 의하면 내일은 눈이 온다고 합니다.

天気予報に よると 明日は 雪が 降るそうです。

3) 이 요리는 맛있어 보이네요.

この 料理は おいしそうですね。

4) 다나카 씨는 성실해 보입니다.

田中さんは まじめそうです。

5) 아오키 씨는 성격이 좋은 것 같습니다.

青木さんは 性格が よさそうです。

6) 친구와 영화를 보려고 합니다.

友達と 映画を 見ようと 思います。

7) 내년 3월에 일본에 가려고 합니다.

来年の 3月に 日本へ 行こうと 思います。

▶ Q&A 형식으로 다양한 표현을 익히고, 자유롭게 말하기 연습을 해 보세요.

1

Q: 今日の 天気は どうでしょうか。오늘의 날씨는 어떨까요?

A1: 天気予報に よると 雨が 降るそうです。

A2: 朝は 雨ですが、午後から 晴れるそうです。

A3: 一日中 雪が 降るそうです。

今日は 車より 電車に 乗った 方が いいです。

2

Q: 会社が 終わってから 何を する つもりですか。

회사가 끝나고 나서 무엇을 할 생각입니까?

A1: 友達と 一緒に 食事を しようと 思います。

A2: 会社の 同僚と 演劇を 見ようと 思います。

A3: ひさしぶりに 大学の 先輩に 会おうと 思います。

天気予報てんきよほう 일기예보 ┃ ～そうです ~라고 합니다 ┃ 晴はれる 맑다 ┃ 同僚どうりょう 동료 ┃

演劇えんげき 연극 ┃ ひさしぶりに 오랜만에 ┃ 先輩せんぱい 선배 ┃ ★ 台風たいふうが 来くる 태풍이 오다 ┃

観光かんこうを する 관광을 하다 ┃ 飲のみ会かいに 行いく 회식(술자리)에 가다

| 04과 본책 56쪽 |

▶ 다음 한자의 읽는 법과 뜻을 빈칸에 써 보세요.

예

資料 ___しりょう___ ___자료___

1) 夢 _____ _____

2) 事故 _____ _____

3) 天使 _____ _____

4) 論文 _____ _____

5) 風邪 _____ _____

6) 調子 _____ _____

7) 人気 _____ _____

8) 行動 _____ _____

한일 스피치 연습

▶ **다음 문장을 일본어로 말해 보세요.**

1) 마치 꿈과 같습니다. (～ようだ)

　　_____

2) 마치 인형 같습니다. (～みたいだ)

　　_____

3) 여성스럽고 귀엽습니다. (～らしい)

　　_____

4) 저 학생에게는 좀 어려운 것 같습니다. (～ようだ)

　　_____

5) 주말은 비가 올 것 같습니다. (～らしい)

　　_____

6) 다음 주부터 추워질 것 같습니다. (～らしい)

　　_____

7) 일본의 물가는 비싼 것 같습니다. (～ようだ)

　　_____

人形にんぎょう 인형

···▷ 정답은 다음 페이지에서 확인하세요.

▶ 정답을 확인하고, 정답 문장을 소리 내어 읽으며 복습해 보세요.

1) 마치 꿈과 같습니다. (~ようだ)

まるで 夢の ようです。

2) 마치 인형 같습니다. (~みたいだ)

まるで 人形みたいです。

3) 여성스럽고 귀엽습니다. (~らしい)

女らしくて かわいいです。

4) 저 학생에게는 좀 어려운 것 같습니다. (~ようだ)

あの 学生には ちょっと 難しいようです。

5) 주말은 비가 올 것 같습니다. (~らしい)

週末は 雨が 降るらしいです。

6) 다음 주부터 추워질 것 같습니다. (~らしい)

来週から 寒く なるらしいです。

7) 일본의 물가는 비싼 것 같습니다. (~ようだ)

日本の 物価は 高いようです。

▶ Q&A 형식으로 다양한 표현을 익히고, 자유롭게 말하기 연습을 해 보세요.

1

Q: この かばん、かわいいですね。 이 가방, 귀엽네요.

A1: そうですね。まるで いちごの ようですね。

A2: 本当に かわいいですね。まるで 花みたいです。

A3: ええ、デザインも きれいだし、
値段も 安いから 人気が あるらしいですよ。

2

Q: 井上さんは どんな 人ですか。 이노우에 씨는 어떤 사람입니까?

A1: とても やさしいです。まるで お姉さんみたいです。

A2: とても きれいです。まるで 天使の ようです。

A3: 女らしくて 歌が とても 上手です。
まるで 歌手みたいです。

いちご 딸기 | デザイン 디자인 | 値段ねだん 가격 | ★ ぬいぐるみ 봉제 인형 | おもちゃ 장난감

大人気だいにんきだ 인기가 많다 | 明あかるい 밝다 | 厳きびしい 엄하다 | お日様ひさま 해님 |

先生せんせい 선생님

▶ 다음 한자의 읽는 법과 뜻을 빈칸에 써 보세요.

예

資料　　　しりょう　　　　　　　자료

1) 道 　　＿＿＿＿＿＿＿　　　　＿＿＿＿＿＿＿

2) 交番 　＿＿＿＿＿＿＿　　　　＿＿＿＿＿＿＿

3) 連絡 　＿＿＿＿＿＿＿　　　　＿＿＿＿＿＿＿

4) 本当 　＿＿＿＿＿＿＿　　　　＿＿＿＿＿＿＿

5) 交差点 ＿＿＿＿＿＿＿　　　　＿＿＿＿＿＿＿

6) 親切 　＿＿＿＿＿＿＿　　　　＿＿＿＿＿＿＿

7) 大学 　＿＿＿＿＿＿＿　　　　＿＿＿＿＿＿＿

8) 本屋 　＿＿＿＿＿＿＿　　　　＿＿＿＿＿＿＿

한일 스피치 연습

▶ 다음 문장을 일본어로 말해 보세요.

1) 저, 실례합니다. 백화점은 어디입니까?

_____

2) 이 길을 똑바로 가면 바로 있습니다. (~と)

_____

3) 슈퍼에 가고 싶은데, 어떻게 가면 됩니까? (~ば)

_____

4) 저 서점을 지나서 오른쪽으로 도세요.

_____

5) 내일 비가 온다면 가지 않겠습니다. (~たら)

_____

6) 편의점이라면 저기에 있습니다만...... (~なら)

_____

7) 일본어는 공부하면 할수록 재미있습니다.

_____

本屋ほんや 서점

···▷ 정답은 다음 페이지에서 확인하세요.

▶ 정답을 확인하고, 정답 문장을 소리 내어 읽으며 복습해 보세요.

1) 저, 실례합니다. 백화점은 어디입니까?

あの、すみません。デパートは どこですか。

2) 이 길을 똑바로 가면 바로 있습니다. (~と)

この 道を まっすぐ 行くと すぐ あります。

3) 슈퍼에 가고 싶은데, 어떻게 가면 됩니까? (~ば)

スーパーへ 行きたいんですが、どうやって 行けば いいですか。

4) 저 서점을 지나서 오른쪽으로 도세요.

あの 本屋を すぎて 右に 曲がって ください。

5) 내일 비가 온다면 가지 않겠습니다. (~たら)

明日 雨が 降ったら 行きません。

6) 편의점이라면 저기에 있습니다만...... (~なら)

コンビニなら あそこに ありますが……。

7) 일본어는 공부하면 할수록 재미있습니다.

日本語は 勉強すれば するほど おもしろいです。

▶ Q&A 형식으로 다양한 표현을 익히고, 자유롭게 말하기 연습을 해 보세요.

1

Q: ここから どうやって 行けば いいですか。 여기에서 어떻게 가면 됩니까?

A1: この 道を まっすぐ 行って ください。

A2: あそこの 銀行、 見えますか。

あそこの 銀行の すぐ 前ですよ。

A3: この 道を まっすぐ 行くと 交差点に 出ます。

そこを 右に 曲がって ください。

2

Q: スーパーは どこに ありますか。 슈퍼는 어디에 있습니까?

A1: スーパーは あそこです。

A2: この 道を まっすぐ 行くと すぐ あります。

A3: あの 本屋を すぎて すぐ 右に 曲がって ください。

もし わからなかったら 電話して ください。

銀行ぎんこう 은행 | 交差点こうさてんに 出でる 사거리가 나오다 | ★ 美術館びじゅつかん 미술관 |

交番こうばん 파출소 | 学校がっこう 학교 | 左ひだりに 曲まがる 왼쪽으로 돌다 |

右みぎに 曲まがる 오른쪽으로 돌다

| 06과 본책 86쪽 |

▶ 다음 한자의 읽는 법과 뜻을 빈칸에 써 보세요.

예

| 資料 | しりょう | 자료 |

1) 意味 _____ _____

2) 花束 _____ _____

3) 先輩 _____ _____

4) 説明 _____ _____

5) 提出 _____ _____

6) お菓子 _____ _____

7) 辞書 _____ _____

8) 書類 _____ _____

▶ **다음 문장을 일본어로 말해 보세요.**

1) 펜을 빌려주지 않겠습니까?

_____

2) 이 가방은 아오키 씨가 사 주었습니다.

_____

3) 이것은 남자 친구가 사 주었습니다. (〜て もらう)

_____

4) 나는 친구에게 과자를 사 주었습니다.

_____

5) 선생님은 나에게 일본어를 가르쳐 주셨습니다. (〜て いただく)

_____

6) 내일은 7시까지 오지 않으면 안 됩니다.

_____

7) 집 앞에 차가 세워져 있습니다. (止める)

_____

···〉 정답은 다음 페이지에서 확인하세요.

▶ 정답을 확인하고, 정답 문장을 소리 내어 읽으며 복습해 보세요.

1) 펜을 빌려주지 않겠습니까?

ペンを 貸して くれませんか。

2) 이 가방은 아오키 씨가 사 주었습니다.

この かばんは 青木さんが 買って くれました。

3) 이것은 남자 친구가 사 주었습니다. (~て もらう)

これは 彼氏に 買って もらいました。

4) 나는 친구에게 과자를 사 주었습니다.

私は 友達に お菓子を 買って あげました。

5) 선생님은 나에게 일본어를 가르쳐 주셨습니다. (~て いただく)

私は 先生に 日本語を 教えて いただきました。

6) 내일은 7시까지 오지 않으면 안 됩니다.

明日は 7時までに 来なければ なりません。

7) 집 앞에 차가 세워져 있습니다. (止める)

家の 前に 車が 止めて あります。

▶ Q&A 형식으로 다양한 표현을 익히고, 자유롭게 말하기 연습을 해 보세요.

1

Q: 傘を 貸して くれませんか。 우산을 빌려주지 않겠습니까?

A1: はい、どうぞ。

A2: すみません。この 傘、私のじゃないんですが……。

A3: 傘は これしか ありませんが、

どこまで 行きますか。私の 傘で 行きましょう。

2

Q: あの、ドアが 開いて いますが……。 저, 문이 열려 있습니다만……

A1: え、本当ですか。 ありがとうございます。

A2: すみませんが、ドアを 閉めて もらえますか。

A3: あ！私が 開けて 外に 出ました。

なんだか へんな においが したので……。

これしか 이것밖에 | 閉しめる 닫다 | ～て もらえますか ～해 주겠어요? | 外そとに 出でる 밖에 나오다 |

なんだか 어쩐지 | へんな においが する 이상한 냄새가 나다 | ★ 窓まどを 開あける 창문을 열다 |

風かぜが 強つよい 바람이 세다 | カーテンが 開ひらく 커튼이 열리다 /カーテンを 閉しめる 커튼을 치다

| 07과 본책 102쪽 |

▶ 다음 한자의 읽는 법과 뜻을 빈칸에 써 보세요.

예

資料 ___しりょう___ ___자료___

1) 顔色 _____ _____

2) 病気 _____ _____

3) 文句 _____ _____

4) 単語 _____ _____

5) 廊下 _____ _____

6) 注意 _____ _____

7) 宿題 _____ _____

8) 上司 _____ _____

▶ **다음 문장을 일본어로 말해 보세요.**

1) 무슨 일이에요?

_____

2) 버스 안에서 옆 사람한테 발을 밟혔습니다.

_____

3) 비를 맞아서 옷이 젖어 버렸습니다.

_____

4) 오늘 선생님께 칭찬받았습니다.

_____

5) 이 빌딩은 5년 전에 지어졌습니다.

_____

6) 엄마에게 혼났습니다.

_____

7) 내일부터 아침 일찍 일어나도록 하겠습니다.

_____

服ふく 옷

···> 정답은 다음 페이지에서 확인하세요.

▶ 정답을 확인하고, 정답 문장을 소리 내어 읽으며 복습해 보세요.

1) 무슨 일이에요?

どうしたんですか。

2) 버스 안에서 옆 사람한테 발을 밟혔습니다.

バスの 中で 隣の 人に 足を 踏まれました。

3) 비를 맞아서 옷이 젖어 버렸습니다.

雨に 降られて 服が 濡れて しまいました。

4) 오늘 선생님께 칭찬받았습니다.

今日 先生に ほめられました。

5) 이 빌딩은 5년 전에 지어졌습니다.

この ビルは 5年前に 建てられました。

6) 엄마에게 혼났습니다.

母に 叱られました。

7) 내일부터 아침 일찍 일어나도록 하겠습니다.

明日から 朝 早く 起きる ことに します。

▶ Q&A 형식으로 다양한 표현을 익히고, 자유롭게 말하기 연습을 해 보세요.

1

Q: どうしたんですか。무슨 일이에요? (왜 그래요?)

A1: 道^{みち}が わかりません。

A2: 財布^{さいふ}を 落^おとしたんです。

A3: 雨^{あめ}に 降^ふられて 服^{ふく}が 濡^ぬれて しまいました。

2

Q: 今日^{きょう}、会社^{かいしゃ}に 遅^{おく}れましたか。오늘 회사에 늦었어요?

A1: はい、昨日^{きのう} 徹夜^{てつや}したんです。

A2: 毎日^{まいにち} 8時^{はちじ}に 家^{いえ}を 出^でますが、

今日は 8時に 起^おきて しまいました。

A3: 朝寝坊^{あさねぼう}して 遅^{おく}れて しまいました。

明日^{あした}からは 早^{はや}く 出勤^{しゅっきん}する ように します。

落おとす 떨어뜨리다 | 服ふくが 濡ぬれる 옷이 젖다 | 徹夜てつや 밤샘, 철야 | 朝寝坊あさねぼう 늦잠 |

★ お金かね 돈 | 水みずを こぼす 물을 쏟다 | 残業ざんぎょう 야근 | 発表はっぴょうの 準備じゅんび 발표 준비

| 08과 본책 118쪽 |

▶ 다음 한자의 읽는 법과 뜻을 빈칸에 써 보세요.

예

| 資料 | しりょう | 자료 |

1) 日記 _____ _____

2) 掃除 _____ _____

3) 発表 _____ _____

4) 例文 _____ _____

5) 運動場 _____ _____

6) 外国語 _____ _____

7) 漢字 _____ _____

8) 先輩 _____ _____

▶ **다음 문장을 일본어로 말해 보세요.**

1) 친구를 기다리게 한 적이 있습니까?

_____

2) 네, 회의 때문에 2시간이나 기다리게 했습니다.

_____

3) 무슨 일이에요? 안색이 좋지 않군요.

_____

4) 상사에게 일을 부탁받아서 (어쩔 수 없이) 야근을 했습니다.

_____

5) 엄마는 나에게 방 청소를 시켰습니다.

_____

6) 매일 한자를 (어쩔 수 없이) 외웁니다.

_____

7) 더 공부해 와!

_____

～も ～이나 | もっと 더, 좀 더 | こい 와라(来(く)る의 명령형)

· · ·〉 정답은 다음 페이지에서 확인하세요.

▶ 정답을 확인하고, 정답 문장을 소리 내어 읽으며 복습해 보세요.

1) 친구를 기다리게 한 적이 있습니까?

友達を 待たせた ことが ありますか。

2) 네, 회의 때문에 2시간이나 기다리게 했습니다.

はい、会議のため、2時間も 待たせました。

3) 무슨 일이에요? 안색이 좋지 않군요.

どうしたんですか。顔色が 悪いですね。

4) 상사에게 일을 부탁받아서 (어쩔 수 없이) 야근을 했습니다.

上司に 仕事を 頼まれて 残業を させられました。

5) 엄마는 나에게 방 청소를 시켰습니다.

母は 私に 部屋の 掃除を させました。

6) 매일 한자를 (어쩔 수 없이) 외웁니다.

毎日 漢字を 覚えさせられます。

7) 더 공부해 와!

もっと 勉強して こい。

▶ Q&A 형식으로 다양한 표현을 익히고, 자유롭게 말하기 연습을 해 보세요.

1

Q: 昨日は 上司に 残業を させられました。
어제는 상사에 의해 (어쩔 수 없이) 야근을 했습니다.

A1: えー 会社勤めは たいへんですね。

A2: それで、約束も キャンセルしたんですか。

A3: 上司に 頼まれた 仕事は 断りにくいですね。

2

Q: 学校で 日本語を どう 教えて いますか。
학교에서 일본어를 어떻게 가르치고 있습니까?

A1: 毎日 漢字の テストを 行います。

A2: 毎日 会話の 表現を 覚えさせます。

A3: ノートに 漢字を 書かせたり、例文を 覚えさせたり します。

会社勤かいしゃづとめ 회사 생활 | **約束**やくそく 약속 | **キャンセル** 캔슬, 취소 | **頼**たのまれる 부탁받다 |

断ことわりにくい 거절하기 어렵다 | **行**おこなう 시행하다 | **表現**ひょうげん 표현 | **覚**おぼえさせる 암기시키다 |

例文れいぶん 예문 | ★ **パーティー** 파티 | **文章**ぶんしょう 문장 | **文法**ぶんぽう 문법

| 09과 본책 134쪽 |

▶ 다음 한자의 읽는 법과 뜻을 빈칸에 써 보세요.

예

資料 ___しりょう___ ___자료___

1) 商事 _____ _____

2) 予約 _____ _____

3) 利用 _____ _____

4) 当日 _____ _____

5) 案内 _____ _____

6) 注文 _____ _____

7) お宅 _____ _____

8) 家庭 _____ _____

▶ **다음 문장을 일본어로 말해 보세요.**

1) 여보세요. 기무라 씨 댁입니까?

_____

2) 저, 다나카라고 합니다만, 요코 씨를 부탁합니다.

_____

3) 잠시만 기다려 주십시오.

_____

4) 오래 기다리셨습니다.

_____

5) 언제 일본에 가십니까?

_____

6) 은행원이십니까?

_____

7) 음료는 무엇으로 하시겠습니까?

_____

洋子ようこ 요코(사람 이름) | 少々しょうしょう 잠시 | 銀行員ぎんこういん 은행원 |

～に なさいますか ～로 하시겠습니까?

· · ·▷ 정답은 다음 페이지에서 확인하세요.

▶ 정답을 확인하고, 정답 문장을 소리 내어 읽으며 복습해 보세요.

1) 여보세요. 기무라 씨 댁입니까?

もしもし、木村さんの お宅ですか。

2) 저, 다나카라고 합니다만, 요코 씨를 부탁합니다.

あの、田中と 申しますが、洋子さんを お願いします。

3) 잠시만 기다려 주십시오.

少々 お待ちください。

4) 오래 기다리셨습니다.

お待たせいたしました。

5) 언제 일본에 가십니까?

いつ 日本へ いらっしゃいますか。

6) 은행원이십니까?

銀行員で いらっしゃいますか。

7) 음료는 무엇으로 하시겠습니까?

お飲み物は 何に なさいますか。

Q&A 스피치 연습

▶ Q&A 형식으로 다양한 표현을 익히고, 자유롭게 말하기 연습을 해 보세요.

1

Q: 田中さん(は) いらっしゃいますか。 다나카 씨(는) 계십니까?

A1: 今 外出中ですが……。

A2: はい、少々 お待ちください。

A3: 今 ちょっと 席を 外して おります。

2

Q: お昼、一緒に いかがですか。 점심, 같이 어떠십니까?

A1: いいですね。どこで 食べましょうか。

A2: あ、今日は ちょっと……。先約が あるんです。

A3: あ～、1時から 会議なので、もう 食べて しまいました。

外出中がいしゅっちゅう 외출 중 | 席せきを 外はずして おります 자리를 비웠습니다 | お昼ひる 점심 |

いかがですか 어떠십니까? | 先約せんやく 선약 | もう 이미, 벌써 |

★ 休やすみ 휴가 | 会議かいぎ 회의 | 出張しゅっちょう 출장

▶ 다음 한자의 읽는 법과 뜻을 빈칸에 써 보세요.

예		
資料	しりょう	자료

1) 今回 _____ _____

2) 出版 _____ _____

3) 興味 _____ _____

4) 評判 _____ _____

5) 最高 _____ _____

6) 最後 _____ _____

7) 説明 _____ _____

8) 連絡 _____ _____

▶ **다음 문장을 일본어로 말해 보세요.**

1) 제가 들어 드리겠습니다.

_____

2) 제가 모셔다 드리겠습니다.

_____

3) 설명해 드리겠습니다. (~させて いただく)

_____

4) 전화드리겠습니다.

_____

5) 몇 시쯤 돌아오십니까?

_____

6) 여기에 주소를 써 주십시오.

_____

7) 일본어로 메일을 쓰셨습니까?

_____

何時なんじごろ 몇 시 쯤 │ こちら 여기, 이쪽 │ メールを 書かく 메일을 쓰다

· · · ⟩ 정답은 다음 페이지에서 확인하세요.

▶ 정답을 확인하고, 정답 문장을 소리 내어 읽으며 복습해 보세요.

1) 제가 들어 드리겠습니다.

私が お持ちします。

2) 제가 모셔다 드리겠습니다.

私が お送りします。

3) 설명해 드리겠습니다. (~させて いただく)

説明させて いただきます。

4) 전화드리겠습니다.

お電話いたします。

5) 몇 시쯤 돌아오십니까?

何時ごろ お帰りに なりますか。

6) 여기에 주소를 써 주십시오.

こちらに ご住所を お書きください。

7) 일본어로 메일을 쓰셨습니까?

日本語で メールを お書きに なりましたか。

▶ Q&A 형식으로 다양한 표현을 익히고, 자유롭게 말하기 연습을 해 보세요.

1

Q: すみません。ハンバーガーと コーラを ください。
저기요. 햄버거와 콜라를 주세요.

A1: はい、少々 お待ちください。

A2: はい、お持ち帰りですか。

ここで お召し上がりですか。

A3: はい、かしこまりました。

すぐに お持ちいたします。

2

Q: お会計は どう なさいますか。 계산은 어떻게 하시겠습니까?

A1: 一緒に お願いします。

A2: べつべつに お願いします。

A3: カードで お願いします。

お持もち帰かえり 테이크 아웃, 가지고 감 | **ここで お召めし上あがりですか** 여기에서 드시나요? |

会計かいけい 계산 | **カード** 카드 | **べつべつに** 따로따로 | ★ **すしセット** 초밥 세트 |

1人前いちにんまえ 1인분 | **包装ほうそう** 포장 | **お支払しはらい** 지불 | **現金げんきん** 현금

가타카나 노트

1

アイデア あいであ 아이디어	アイデア			

アルバム あるばむ 앨범	アルバム			

ウィルス うぃるす 바이러스	ウィルス			

エレベーター えれべーたー 엘리베이터	エレベーター			

オイル おいる 오일	オイル			

カーテン かーてん 커튼	カーテン			

ガイド がいど 가이드	ガイド			

2

カフェ かふぇ 카페	カフェ			

ガム がむ 껌	ガム			

カラー からー 컬러	カラー			

ガラス がらす 유리	ガラス			

カレンダー かれんだー 캘린더	カレンダー			

カロリー かろりー 칼로리	カロリー			

キャンディー きゃんでぃー 캔디	キャンディー			

가타카나 노트

クーポン くーぽん 쿠폰	クーポン			

コピー こぴー 복사	コピー			

コンサート こんさーと 콘서트	コンサート			

コンピューター こんぴゅーたー 컴퓨터	コンピューター			

シャツ しゃつ 셔츠	シャツ			

シャワー しゃわー 샤워	シャワー			

ジュース じゅーす 주스	ジュース			

4

| スイーツ
すいーつ 단것 | スイーツ | | | |

| スケジュール
すけじゅーる 스케줄 | スケジュール | | | |

| セール
せーる 세일 | セール | | | |

| ゼミ
ぜみ 세미나 | ゼミ | | | |

| ダイエット
だいえっと 다이어트 | ダイエット | | | |

| タイヤ
たいや 타이어 | タイヤ | | | |

| チーム
ちーむ 팀 | チーム | | | |

5

チャンネル ちゃんねる 채널	チャンネル			

ティッシュ てぃっしゅ 티슈	ティッシュ			

データ でーた 데이터	データ			

ドライブ どらいぶ 드라이브	ドライブ			

ネックレス ねっくれす 목걸이	ネックレス			

バイト ばいと 아르바이트	バイト			

パスポート ぱすぽーと 여권	パスポート			

6

| パソコン
ぱそこん 컴퓨터 | パソコン | | | |

| パフェ
ぱふぇ 파르페 | パフェ | | | |

| ビジネス
びじねす 비즈니스 | ビジネス | | | |

| ファイル
ふぁいる 파일 | ファイル | | | |

| プール
ぷーる 풀장 | プール | | | |

| ボタン
ぼたん 버튼 | ボタン | | | |

| レポート
れぽーと 리포트 | レポート | | | |

Memo